성숙하고 정서적으로 건강한 엄마, 아빠들이
대한민국을 행복하게 만들 것을 기대합니다.

버럭버럭 소리치지 않고
정서가 건강한 아이로 키우는 법

헐크맘 탈출 프로젝트

정서적으로 건강한 부모,
정서적으로 건강한 아이

정철민, 안은정 지음

추천의 글

자녀는 하나님이 우리에게 주신 상급이요 장사의 전통에 있는 화살과 같은 존재입니다. 대부분 부모는 자녀를 인생의 가장 중요한 열매로 생각합니다. 그런데 소중한 자녀를 양육하면서 아이를 잘 키우고자 하는 자신의 마음과 전혀 다르게 욱해서 소리 지르거나 화를 냅니다. 이로 인해 아이들은 마음에 상처를 받기도 하고, 위축되기도 하고, 부모의 사랑을 느끼지 못하기도 합니다. 또한 아이들은 부모의 의도와는 다르게 청개구리처럼 엉뚱하게 반응합니다.

《정서적으로 건강한 부모, 정서적으로 건강한 아이》의 두 저자는 이런 모순된 상황에 빠진 엄마들을 관심과 사랑의 눈으로 바라봅니다. 자녀 양육의 열쇠를 쥔 어머니들이 자신이 경험하는 고통스러운 상황을 이해하고 어려움을 극복할 수 있도록 해결책을 제시하고 있습니다.

두 사람은 사춘기 두 아들을 둔 부모로서 10여 년간 CSIS에서 학생들을 지도하고, 부모 교육을 이끌어 왔습니다. 이 책은 그저 책상에서 연구된 책이 아닙니다. 실제 교육 현장과 가정에서의 경험, 부모들을 도우면서 얻게 된 지혜로 쓰인 책입니다. 저자들이 살아낸 결과물이자 자녀와 자신의 문제로 힘들어하는 엄마들과 어려움을 함께하면서 만들어진 책입니다.

이 책은 엄마들이 머리를 쥐어뜯고 속앓이하는 문제의 핵심 원인을 깊이 있게 분석합니다. 그 문제로 인하여 일어나는 엄마와 아이와 꼬여 버린 관계, 전혀 기대하지 않은 모습으로 아이가 자라게 되는 원인인 '헐크맘 현상'을 소개합니다. 또한 엄마가 감정에 휩싸여 행하는 실수를 인식하고 벗어날 수 있는 방법을 제시합니다. 머리로 아는 지식이 아닌 쉽게 실천할 수 있는 단순하고 간단한 방법을 제안합니다. 그리고 엄마들이 욱해서 화내는 엄마에서 벗어나 아이들의 건강한 성장을 도울 수 있는 방법을 담고 있습니다.

이 한 권의 책은 아이를 참새가 아닌 당당하게 날아오르는 독수리로 키우기를 원하는 어머니들에게 도움이 될 것입니다. 하나님이 주신 자녀를 바람직하게 세우는 유용한 길잡이가 되리라 믿습니다.

이웅_Christian Sprout Intercultural School 교장, 한순교회 담임목사

하나님이 여성에게 주신 가장 특별한 사명이 자녀 출산과 양육임은 아무도 부인할 수 없습니다. 실제로 가정에서 엄마의 가장 우선순위도 건강한 자녀 양육일 것입니다. 그런데 엄마 역할이 참으로 쉽지 않습니다. 기쁨과 슬픔 그리고 성공과 실패를 오르락내리락합니다. 우리는 부모 역할을 배우기도 전에 부모가 되었고 그래서 자녀 양육에 수없이 좌충우돌합니다.

두 저자가 지난 10여 년간 부모 교육 경험을 바탕으로 쓴《정서적으로 건강한 부모, 정서적으로 건강한 아이》는 인간의 욕구와 뇌 과학 연구 결과들과 일관된 맥락을 갖고 있습니다. 인간에게는 정서적 안정이 이성적인 활동보다 우선적인 욕구입니다. 그러므로 정서적인 안정은 인생을 살아가는 중요한 원동력이 됩니다.

건강한 사회를 이루기 위해 건강한 가정이 기본 단위이고 건강한 가정을 이루기 위해 부모 교육은 필수적이어야 합니다. 그러나 현실은 이 부모 교육이 개인의 영역으로 여겨지고 대부분 사각지대에 놓여 있습니다. 엄마들에게 귀중한 사명인 건강한 자녀 양육 과정을 혼자서 '표류하는' 것이 아니라, 함께 항해할 수 있도록 이 책의 생생한 살아 있는 부모 교육 사례들이 나침판이 되어 줄 것을 확신합니다. 자녀 양육이라는 세상에서 가장 가치있는 일을 하고 있는 모든 엄마들에게 응원의 박수를 보냅니다.

이미자_광주교육대학교 교육학과 교수, CSIS 졸업생 엄마

워킹맘으로 살면서 아이들에게 점검하듯이 "오늘 숙제는 다 했어?", "책은 많이 읽었어?", "미래를 위한다면 지금 열심히 해야 해."라는 말만 쏟아 내고, 항상 아이의 모자라고 부족한 지점만 생각하며 다그치는 엄마였습니다.

그러던 어느 날 몸이 지친 상황에서 아이들이 따라 주지 않으면 나도 모르게 화내고 소리 지르고 있는 모습에서 친정엄마의 모습을 발견했습니다. 내가 받은 엄마 교육의 모델은 친정엄마뿐이었습니다. 그런 엄마를 미워하고 엄마에게서 독립하려고만 했던 어린 시절의 아픔을 숨기고 살았는데 그게 쓴 뿌리가 되어 화내던 친정엄마의 모습이 어느새 내 모습이 되어 있었습니다.

그렇게 내가 아이들과 뒤엉켜 진흙탕을 헤매고 있을 때 정철민 코치님은 아이의 문제와 내 문제를 분리하는 방법, 나를 사랑하는 방법, 나를 인식하는 출발점을 안내해 주었습니다. 《정서적으로 건강한 부모, 정서적으로 건강한 아이》에는 그 안내가 상세하고도 친절하게 담겨 있습니다. '헐크맘 탈출'에 길이 있다는 것도 깨닫게 하며, 그 길로 한 발 한 발 갈 수 있도록 도와줍니다.

그리고 그 옛날 엄마의 폭력과 폭언에 울고 있던 내게 이 책은 이렇게 말을 거는 것 같습니다.

"괜찮아, 너도 엄마가 처음이잖아. 엄마 되는 법을 어디서 배운 적도 없잖아. 그런데 네가 받고 싶었던 엄마의 모습은 뭐니?"

"지금 네 모습을 바라봐. '아~그랬구나.' 해 주며 너 스스로를 더이상 못마땅하게 여기지 말고 네가 바라는 대로 너에게 해 주면 좋겠어."

아이를 키우고 있는 이 땅의 엄마들에게 《정서적으로 건강한 부모, 정서적으로 건강한 아이》를 권합니다. 새로운 나로, 우아한 엄마로, 정서적으로 건강한 사람으로 살 수 있도록 안내해 줄 것입니다. 나를 새롭게 살게 해 주신 정철민 코치님께 깊은 감사를 전합니다.

이은영_서진이 엄마

정서적으로 건강한 가정을 이루는 부모 지침서

새벽부터 자정까지 세 아이를 키우며 일하는 엄마로 쉴 틈 없이 살았습니다. 원가정에서 받은 억울함과 슬픔, 분노로 인해 나도 모르게 사랑하는 아이들에게 버럭하고 폭발하며 화를 내는 헐크맘이 되었습니다.

작년부터 12살 큰딸이 반항하기 시작했습니다. 여러 번에 걸친 시험관 시술로 어렵게 얻은 소중한 딸인데, 학업과 전학으로 스트레스를 받은 아이는 엄마와 대화조차 하지 않으려고 했습니다. 지금까지 아이의 의견을 무시하고 엄마 힘으로 밀어붙인 결과였습니다. 뒤늦게 아이와의 관계를 회복하려고 했지만 아이는 마음을 내주지 않았습니다.

아이와의 관계로 고민하고 힘들어하던 차에 정철민 코치님의 "정서적으로 건강한 엄마 수업"을 받았습니다. 수업을 통해 내가 감정을 제대로 인식하지 못하고 조절하지 못하고 살았다는 것을 깨달았습니다. 내면에 쌓여 있던 슬픔과 억울함, 분노와 같은 감정을 어떻게 인식하고 조절할지를 난생처음 배웠습니다.

수업에서 배운 것을 아이와의 관계뿐만 아니라 남편과의 관계에도 적용했습니다. 신기하게도 나 자신의 정서가 안정되기 시작했습니다. 엄마인 내가 정서적인 안정을 찾으면서 아이의 관계가 개선될 뿐만 아니라, 남편과 관계까지 우리 가정에 놀라운 변화가 일어났습니다. 더이상 정서적 불안정이나 슬럼프에 빠져 허우적거리지 않게 되었습니다. 자신의 감정을 인지하고 감정의 기준점 위로 끌어올릴 수 있게 되었습니다.

저는 이제 몸 상태가 좋지 않더라도, 스트레스가 많더라도 더이상 화내지 않습니다. 부정적인 상황이 벌어져도 "괜찮아." 하며 나 자신을 다독이고 해야 할 일을 담담하게 처리합니다. 엄마의 정서가 안정되자 아이도 이제는 스스럼없이 엄마에게 말을 걸고 자기 이야기를 합니다.

《정서적으로 건강한 부모, 정서적으로 건강한 아이》에는 제가 받은 수업 내용이 고스란히 담겨 있습니다. 자신의 감정을 인식하고 조절하며, 아이와의 관계 회복이 절실히 필요한 엄마들에게 큰 도움이 될 것이라 확신합니다. 이 책을 통해 엄마와 아이 모두 정서적으로 건강한 변화를 체험할 수 있을 것입니다. 모든 부모의 마음에 깨달음과 감동이 함께하길 진심으로 기도합니다.

이정선_올리비아 맘

목
차

프롤로그

정서적 건강이 중요해진 시대에 하루에도 몇 번씩 감정은 오르락내리락 롤러코스터를 탄다. 어쩌지도 못하는 마음이 갈대처럼 흔들리는 것은 정서적으로 불안정하기 때문이다. 정서적으로 건강한 사람은 세상이 요동쳐도 제 자리를 잡고 흔들리지 않는다. 거친 파도가 와도, 폭풍 가운데 있을지라도 그 영혼은 잠잠하다. 정서적으로 건강한 사람은 자기와 주변까지 긍정적인 영향을 미친다.

이 책은 엄마들이 정서적으로 건강한 엄마로서 정서적으로 건강한 아이를 키우기 위한 책이다. 엄마가 먼저 세상의 파도에 흔들리지 않고 단단하게 자신의 삶을 살아가며, 아이도 정서적으로 건강하게 키우는 방법을 담고 있다.

정서적으로 건강한 사람 X 엄마 역할

= 정서적으로 건강한 엄마 → 정서적으로 건강한 아이

정서가 건강하지 못한 부모와 함께 있는 아이는 정서적으로 불안정할 가능성이 높다. 어쩌다 아이를 낳았고, 어쩌다 욱하고 화내는 부모가 되었다. 그리고 정서적으로 건강한 것이 무엇인지 배운 적이 없었고, 정서적으로 건강한 부모의 모델을 본 적이 없었다. 그렇다고 남 탓, 세상 탓, 과거 탓만 하고 있을 수는 없다. 지금이라도 배우고 습득하여 정서적으로 건강한 사람이 되어 내 아이에게 그런 모델이 되고 삶으로 가르치면 된다.

지금 대한민국 각 가정에 아이를 키우는 주 양육자, 특히 엄마들에게는 공통적인 어려움이 있다. 자신도 모르게 사랑하는 아이에게 소리 지르고, 화내고, 자책하고, 우울해하는 일을 반복하는 것이다. 정서적으로 건강한 엄마라기보다는 그 반대여서 아이들에게 부정적인 영향을 주고 있다.

처음에는 한두 사람의 문제인 줄 알았는데, 시간이 지나고 보니 우리 모두의 문제였다. 욱해서 헐크처럼 폭발하는 것은 어느 집에나 있었다. '헐크맘 현상'은 아이 연령에 따라 엄마가 화내고 폭발하는 모습에서 일정한 패턴이 나타나는데 그것을 '헐크맘 5단계'로 나눌 수 있다. '헐크맘 5단계'를 이해하면 각 단계에 따라 '헐크맘 현상'이 엄마의 삶과 아이에게 어떤 영향을 주고 어떤 결과가 나타나는지를 알 수 있다.

우리 부부는 12년간 부모학교를 운영하면서 먼저 우리 자신이 정서적으로 건강하지 못하다는 것을 깨달았다. 우리가 정서적으로 건강한 부모로 역할을 하는데 배운 게 없다는 걸 알았다. 누가 가르치지 않은 것을 스스로 배워야 했기에 시행착오도 많았다. 그렇게 깨닫게 된 방법을 이 책에 담았다. 그래서 이 책은 우리 부부의 찐 경험이며 회복을 경험한 대한민국 가정의 이야기다.

정서적으로 건강한 사람은 사건과 상황 속에서 자신의 감정을 인식하고 조절할 수 있다. 그리고 타인의 감정까지 인식하고 그 사람이 자신의 감정을 인식하고 조절할 수 있도록 도와줄 수 있다. 대한민국 각 가정의 엄마, 아빠라면 반드시 알아야 할 것이 바로 정서적으로 건강한 부모로 역할을 하는 방법이다.

화내고 버럭하는 부모에서 탈출해서 정서적으로 건강한 부모가 되는 길을 제시하고, 구체적인 방법뿐만 아니라 실제 사례를 제시하며, 엄마가 아이에게 자신도 모르게 내는 화를 이해하고 인식할 수 있도록 돕는다. 이제 엄마는 자책을 멈추고 있는 그대로 자신을 받아들이며, 나도 모르게 화를 내는 결정적인 순간에 감정을 인식하고 조절할 수 있도록 안내한다. 더 나아가 부모가 감정 조절 능력을 키우고 자녀들이 스스로 감정을 인식하고 조절할 수 있도록 지도할 수 있는 방법을 제시한다.

이 책이 제시하는 방법을 따라 하다 보면 어느새 정서적으로 건강한 엄마가 되어 아이를 정서적으로 건강하게 키울 수 있다. 이런 방법을 익히고 나서 이전까지 아이와 전혀 대화하지 못하던 엄마가 아이와 친밀한 대화를 나누기 시작했다. 하루도 빠지지 않고 화내고 자책하던 세 아이의 엄마가 처음으로 아이들에게 화내지 않았다고 기뻐했다. 아이가 스스로 자신의 감정을 인식하기 시작하고, 이전에는 아무리 말해도 듣지 않던 아이가 스스로 자기 일을 하는 모습을 보고 엄마가 놀라워했다. 무엇보다도 엄마 자신이 자기를 존중하고, 자기를 사랑하고, 그 사랑을 아이에게 흘려보내며 아이와의 관계의 끈이 단단해지는 것을 느꼈다.

이 책의 목적은 엄마들이 여유로운 모습으로 평안하게 아이를 보며 미소짓게 하는 데 있다. 아이를 키우는 삶이 평화롭고 엄마의 사랑이 아이에게 강물처럼 흘러가도록 하는 데 있다. 과연 이것이 효과가 있을지 모르겠다는 생각이 든다면 당신은 지금 꼭 이 책을 읽어야 한다. 엄마뿐만 아니라 아빠도 함께 읽는다면 가족 모두에게 더욱 유익하다. 헐크 같은 아빠 역시 넘쳐난다. 아빠가 육아를 주로 담당한 아내를 이해하고 정서적으로 건강한 자녀 양육 방법을 함께 나누고 실천할 수 있어야 한다. 무엇보다 정서적으로 건강한 부부 관계보다 더 좋은 자녀 양육법은 없다.

이 책을 통해 당신과 당신의 아이와의 관계와 삶이 긍정적으로 변화되기를 기대한다. 이 책의 내용을 강의로, 코칭으로, 책으로 만나 이제 정서적으로 건강해진 다른 엄마들처럼.

정철민, 안은정

Chapter 1
엄마가 무서워요

엄마는 헐크 같아

"엄마는 헐크 같아."

"뭐? 엄마가 왜 헐크 같아?"

"우리한테 소리 지르고 헐크같이 되잖아."

저는 초등학교 3학년, 1학년 아들 둘을 키우는 엄마입니다.
큰아이가 "엄마는 헐크 같아."라는 말을 처음 했을 때는 그냥
흘려들었습니다. 하지만 그 말이 계속 맴돌더군요.
변명하자면 아이들이 난리법석칠 때는 정말 정신이 하나도
없습니다. 잠시도 가만히 있질 못하는 두 아이를 키우면서
화가 올라오면 매번 참지 못하고 큰소리치곤 합니다.
아이를 사랑의 눈으로 바라보는 온순한 엄마로 살고 싶지만

현실은 버럭버럭 화를 내는 엄마입니다. 누군들 부드럽게 말하고 싶지 않겠어요? 아이가 반항하면 엄마를 무시하는 것 같아서 열불이 납니다. 그럴 때 좋은 말로 여러 번 해도 소용이 없습니다. 큰소리를 쳐야 상황이 끝납니다. 그래서 아이가 엄마를 헐크 같다고 생각했을지도 모르겠어요.

어쩌지 못하는 상황은 거의 매일 반복됩니다. 아이들이 지금보다 더 어릴 땐 떼쓰고 고집부리는 아이를 어르고 달래다가 갑자기 활화산이 터지듯 감정을 주체못하고 손찌검을 한 적도 있어요.

이렇게 아이들에게 화내고 나면 매번 자책하며 죄책감에 빠집니다. 엄마 때문에 아이들이 괜히 주눅 들고 마음에 상처가 생기는 것은 아닌지 염려도 되고요. 아이들이 잠든 모습을 보고 있으면 마음이 더 아파옵니다. 다시는 그러지 말아야지 결심하지만 다음날엔 또 화를 참지 못하고 폭발하고 후회와 자책을 반복합니다. 진짜 아이 말대로 헐크가 된 것 같아요.

자신이 헐크가 된 것 같다는 엄마의 이야기가 남 이야기 같지 않다면 당신도 '헐크맘 현상'을 겪고 있을지도 모른다.

10년 넘게 기독 대안학교 CSIS(Christian Sprout Intercultural School)에서 부모학교를 운영하면서 아이들에게 갑자기 욱하는 엄마들의 고민을 알게 되었다. 비슷비슷한 고민을 하는 엄마들은 "참지 못하고 화내는 것에서 어떻게 해야 벗어날 수 있나요?"라며 호소했다.

사실 우리 부부도 별반 다르지 않았다. 말을 듣지 않는 아이의 행동에 분노가 차오르고 그것을 그대로 표현했다. 화낸 후에는 똑같이 미안함과 자책감이 찾아왔고, 미숙한 부모 때문에 정서적으로 불안한 아이로 크는 것은 아닌지 괴로웠다. 우리 부부부터 벗어날 방법을 찾아야 했다. 여러 가지 노력과 눈물겨운 시행착오 끝에 우리는 벗어날 수 있었다. 그리고 이제는 다른 엄마들의 헐크맘 탈출을 돕고 있다. 벗어나고자 하는 의지만 있다면 누구나 할 수 있다.

'헐크맘'이 나타났다

'헐크'는 미국 마블 코믹스가 만든 슈퍼 히어로다. 평범하고 지극히 온순한 사람이 자극을 받아 분노하면서 괴력을 가진 녹색 거인으로 변신한다. 헐크는 그 누구보다 강한 힘을 가졌지만, 그 힘을 통제하지 못하고 난데없이 분노하고 때려 부수는 파괴적인 존재가 된다. 정신을 차리고 나면 쑥대밭이 된 주변을 보며 괴로워한다.

헐크맘은 감정을 조절하지 못하고 순간적으로 폭발하는 헐크와 맘(Mom) 합성어로 육아 스트레스로 순간적으로 감정을 절제하지 못하고 아이에게 버럭 화내는 엄마를 일컫는 말이 되었다.

어떤 엄마도 아이에게 버럭버럭 큰소리 내는 엄마가 되고 싶진 않다. 정서적으로 건강하고 좋은 엄마가 되고 싶어서 화내지 않으려고, 욱하지 않으려고 발버둥치지만 결국 화를 쏟아 내고 아이에게 미안해한다.

아이에게 감정을 절제하지 못하고 화내는 엄마들에게 긍정적인 소식이 있다. 다른 엄마들도 다들 비슷한 고민을 한다는 것이다. 나만 그런 것이 아니라는 사실이 서로에게 약간의 위로가 될지 모르겠다. 다들 말하지 않을 뿐 어느 집 엄마나 자신도 모르게 사랑스러운 아이에게 감정을 주체하지 못하고 화를 낸다.

"집에 와서 싸워 대는 아들들에게 또 화냈어요."
"줄 서서 기다리는 식당에서 선잠 깬 아이가 짜증을 내길래 나도 모르게 아이에게 화냈어요."
"외출하려는 데 큰놈이 우유 쏟고 울어서 겨우 치우고 나가려는 데 작은놈은 현관 앞에서 실수했어요. 결국 아침부터 큰소리로 하루를 시작했어요."
"인형 뽑기를 다시 연습해서 하기로 하고 시험공부 하는데 마음이 콩밭에 가 있는 아이를 보고 참지 못했어요."
"오늘 완전 버럭버럭!! 모드였어요. 숙제 먼저하자고 했지만, 아이가 숙제는 나중에 하겠다고 해서 기다려 주었건만, 결국 제 머릿속에서 두려워했던 시나리오대로 저녁때가 되어 숙제하면서 몸을 배배 꼬고 화장실을 왔다갔다 하고 짜증내길래 저도 참다 참다 폭발했어요."

"제가 감기 걸려 몸이 아프니 자꾸 화가 나요."

"힘들어서 잠깐 쉬는 사이, 동생과 함께 치우지도 않은 베란다에 이불을 펴고 집이라며 놀고 있는 아이 모습에 그만 꽥 소리를 질러 버렸어요."

"아이가 청개구리가 되어서 반대로 말하고 버티는 데 속이 뒤집힙니다. 열 받아서 똑같이 해 줘 버렸네요. 좋은 엄마 되기 너무 어렵네요."

"저녁 준비할 때 둘이 한꺼번에 와서 백만스물한 가지를 요구할 때는 정말 힘들어요. 저녁 메뉴에 라이스 페이퍼가 있었는데, "엄마 우리도 이거 물에 넣어봐도 돼요?" 하길래 "그래, 한꺼번에 넣으면 안 되니까 한 장씩만 넣어 봐." 했는데 신난다고 소리 지르며 두 녀석이 한 번에 다 담가 놔서 결국 순간 욱하고 성질이 나왔어요."

감정 조절이 어려운 엄마들

자신의 감정을 어찌하지 못하는 엄마들이 여기저기에 넘친다. 수많은 엄마들이 화나면 순간적으로 다른 사람으로 변해 버린다.

엄마 한 사람의 문제가 아니다. 모든 부모가 겪는 문제라고 해도 과언이 아니다. 욱하는 아빠도 수두룩하다. 그래서 부모들이 갖는 미안함, 후회와 자책, 죄책감, 우울은 거의 공식처럼 똑같다. 아이들이 겪는 부정적인 영향도 마치 기계로 붕어빵을 찍듯 비슷하다. 어디 대놓고 말도 못하고 남몰래 속앓이만 하고 있다.

고고한 백조가 물밑에서는 쉴 새 없이 발길질하듯 감정 조절 못하는 것에서 벗어나려고 온갖 수고를 다한다. 서점에 넘쳐나는 자녀 양육서와 TV 자녀 양육 프로그램이 답답한 엄마들의 마음을 대변하고 있지 않는가?

《우리 엄마가 달라졌어요》(이보연, 작은 씨앗), 《성품 좋은 아이로 키우는 엄마의 말 한마디》(위즈덤하우스, 이영숙), 《엄마의 말 공부》(이임숙, 카시오페아), 《엄마의 감정수업》(나오미 스태들런, 유아이북스), 《소리 지르는 엄마 귀 막는 아이들》(팻 홀트·그레이스 케터만, 미션월드 라이브러리), "금쪽같은 내 새끼"(채널A 프로그램) 등 왜 이런 책과 프로그램을 선택하겠는가? 뭐라도 붙들고 싶은 것이다.

하지만 결국 엄마들은 이렇게 말한다.

"다 소용없어요. 이것저것 다 해 봤어요. 제게는 안 통하는 것 같아요. 막상 그 순간이 되면 다시 욱하고 화내요. 이제 어떻게 하죠? 정말 무슨 약이라도 먹고 싶어요."

큰일이다. 지금 대한민국 엄마들은 '헐크맘 탈출'이 당장 필요하다.

좋은 엄마가 될 자격

> "아이가 밥을 잘 안 먹어요."
>
> "아이가 시도 때도 없이 떼를 써요."
>
> "아이를 잘 키우고 싶은데 마음대로 안 돼요."

아이 키우는 게 이다지도 어려운지 몰랐다. 끊임없이 문제를 경험하지만 대부분은 시간이 지나면서 자연스럽게 극복된다. 하지만 해결되지 않는 숙제 같은 것이 여전히 남아 있다.

'아이에게 도대체 내가 무슨 짓을 한 거지?'

잠든 아이의 모습을 보며 엄마는 망연자실한다. 정신 줄을 놓고 아이에게 소리를 질렀던 모습이 떠오른다. 아이에게 비수 같은 말을 던졌다. 한숨과 자책만 나온다. '왜 그랬을까?' 괴물같이 폭발하는 모습에 '다시는 그러지 말자.' 다짐하지만, 번번이 거듭되는 상황에 머리를 쥐어뜯는다.

수없이 반복되는 상황에 엄마의 자존감은 바닥이다.

'내가 엄마 자격이 있나? 다른 엄마들은 조곤조곤 마음을 받아주는 데 왜 나만 이러는 걸까?'

속상한 것으로 끝나지 않는다. 엄마로서 부족한 자신의 모습이 더없이 한심하고 가증스럽다. 누구에게 하소연할 수 있을까? 다른 사람들이 엄마인 나를 어떻게 볼까 하는 생각에 입을 열기도 두렵다.

아이에게 미친 사람처럼 소리 지르고 심한 말을 해댔을 때, 아이에게 어떤 영향을 미칠지 모르는 바가 아니다. 주눅 들고 시무룩해져서 엄마 눈치를 슬슬 본다. 그런 아이의 모습을 보면 가슴이 아프다.

아이들은 매번 아무런 일 없던 것처럼 엄마를 대하지만 아이의 표정이나 행동에 상처의 그늘이 배어 있다. 정서적으로 불안한 모습을 보일 때마다 마음이 편치 않다. 좋은 엄마의 모습을 보여주지 못해 우울하고 좋은 엄마 자격 시험에서 떨어진 느낌이다.

하지만 꼭 기억하자. 당신이 아이를 키우고 있다면 당신은 이미 아이를 사랑하는 좋은 엄마다. 어쩌다 보니 화를 참지 못하는 엄마가 된 것뿐이고 가끔씩 자신을 통제하지 못할 뿐이다. 헐크맘에서 벗어날 방법이 있다. 지금까지 그것을 몰랐을 뿐이다.

헐크맘 5단계

속 터지는 양육 현실, 달라지지 않는 자신의 모습에 엄마는 답답하고 괴롭기만 하다. 도대체 엄마들에게 무슨 일이 일어나는 걸까?

대한민국 유·초등생 엄마들은 다들 비슷하다. 체력이 부족하고 마음의 여유가 없다. 아이들을 키우는 데 신경쓸 것이 너무 많다. 아이의 미숙함과 불순종을 잘 구분하지 못해서 미숙한 아이의 행동을 불순종이나 반항으로 여긴다.

아이의 일에 자신이 개입하면 뭔가 될 거라고 확신한다. 아이가 말을 잘 들을수록 이런 생각은 더 강해진다. 이대로 밀어붙이면 서울대도, 하버드대도 가능하다는 막연한 자신감이 든다. 다른 사람들이 하면 반드시 따라 해야 마음이 놓인다. 그렇게 하지 않으면 내 아이가 뒤쳐질 것만 같다.

평소 천사 같던 엄마들이 어느새 버럭하며 아이에게 소리를 지르는 '헐크맘 현상'은 하루아침의 일이 아니다. 오랜 시간 단계적으로 서서히 진행된 것이다. 이것은 엄마와 아이의 정서뿐만 아

단계	내용
1단계: 울화 축적	아이를 낳고 육아를 하면서 억울함과 분노, 우울이 엄마에게 차곡차곡 쌓인다.
2단계: 낮버 밤자	아이에게 갑자기 욱해서 버럭 화를 낸다. 아이는 슬슬 엄마 눈치를 본다. 아이에게 좋지 않은 영향을 주는 자신의 모습에 엄마는 좌절하고 자책하며 우울해 한다.
3단계: 버럭의 일상화	의식하지 못하고 습관적으로 버럭하는 상황이 자주 반복된다. 어느새 일상이 되고 자신의 성격으로 받아들이고 살기 시작한다.
4단계: 상황 전환	사춘기를 겪는 아이가 갑자기 심하게 반항하거나, 무기력하게 변하는 모습에 엄마는 당황한다.
5단계: 철벽 방어	아이는 엄마 말 한마디에도 민감하게 반응하며 방어적으로 변한다. 엄마는 더 무기력해지고, 자칫 아이가 공부를 놓아 버릴까 두렵다. 아이와의 관계가 서먹서먹하다.

니라 엄마와 아이의 관계에도 오랜시간 영향을 미친다. 그래서 원인과 결과를 연결짓기도, 해결하기도 어렵다.

대한민국 엄마들이 어떻게 헐크맘이 되고, 그것이 자녀와의 관계에 어떤 영향을 미치는지를 다섯 단계로 나눌 수 있다.

당신은 지금 어떤 단계에 있는가?

헐크맘 1단계는 울화가 쌓이는 단계다. 아이를 낳고 육체적, 정신적, 감정적인 한계에 부딪치면서 부정적인 감정이 무의식에 쌓이는 시기다. 엄마가 된 기쁨보다 괴로움만 쌓인다. '헐크맘 현상'의 주요한 원인이 이때 만들어진다.

2단계는 본격적으로 화를 참지 못하고 아이에게 소리치기 시작한다. 보통 4-7세 아이를 가진 엄마들이 해당된다. 왜 그런 지도 모른 채 작은 일에도 화를 주체하지 못하고 쏟아 내고선 머리를 쥐어뜯는다. 낮에는 버럭, 밤에는 자책하는 삶이 반복된다.

3단계는 엄마가 소리치며 화내는 것이 일상화되어 엄마도 체념하고 받아들이는 단계다. 나름 변화하려고 온갖 시도를 하지만, 막상 그 순간이 되면 자신도 모르게 또 화내고 있다. '난 어쩔 수 없다.'라고 생각하며 자신의 성격으로 받아들이기 시작한다. 주로 8-13세 아이 엄마들이 여기에 속한다. 아이들은 이미 엄마의 폭발에 익숙해져 있다.

4단계부터는 양상이 달라진다. 지금까지 엄마의 힘에 눌려 순응하던 아이가 이젠 화를 참지 못하고 폭발한다. 마치 엄마를 그대로 복사하듯 화를 내는데 사춘기라서 그런 게 아니다. 지금까지 눌려 있었기 때문에 폭발하는 것이다. 이렇게 순간적으로 폭발하는 아이들과는 달리 반대로 말수가 줄고 무기력한 모습으로 변하는 아이들도 있다. 엄마는 아이의 변한 모습에 놀라고 당황한다.

5단계는 아이도, 엄마도 모두 방어적이다. 엄마가 무슨 말이라도 할라치면 아이는 화를 내며 경계하거나 아주 민감하게 반응한다. 아이가 공부마저 손 놓을까 봐 이러지도 저러지도 못하고 눈치를 보게 된다. 속이 타들어 간다.

아이가 성장하면서 서서히 진행되는 헐크맘 현상은 단순히 엄마 한 사람의 문제로 그치지 않는다. 엄마의 반복적인 화는 부모와 자녀 사이를 멀어지게 하고 갈등으로 이어지게 한다.

엄마에게 거리 두는 아이들

엄마의 말 한마디에도 과민하게 반응하는 아이들이 있다. 엄마가 무슨 말이라도 할라치면 벌써 표정부터 달라진다. 대화하려 해도 너무 힘들다.

"여기 한번 앉아 봐."

엄마 말에 입을 꾹 닫아 버린다. 어렸을 때는 순하고 엄마를 잘 따랐는데 이젠 왜 엄마의 바람과는 전혀 다르게 행동하는 걸까?

온전한 인간으로 아이가 성장하는 데 필요한 자율성, 유능성, 관계성 이 세 가지 욕구가 제대로 채워지지 않아서 그런 것이다. 부모가 욱해서 버럭버럭 소리치는 상황을 반복적으로 경험하면서 아이의 정서는 움츠러들고 방어적으로 변했다.

로체스터대학 심리학과 교수 에드워드 L. 데시(Edward L. Deci)

는 40여 년간 인간 행동의 동기 연구에 전념하여 외적 동기보다 스스로 결정한 자발적 선택이 더 큰 힘을 발휘한다는 "자기결정성 이론"(Self-Determination Theory)을 발표했다. 사람은 타인에 의해서 가 아닌 자신의 삶을 스스로 결정하고 통제하며 살아가고자 하는 욕구가 충족될 때 행복을 느낀다고 데시 교수는 말한다.

자기 결정성 이론에 따르면, 사람은 누구나 자율성, 유능성, 관계성 이 세 가지 욕구가 있다.

> · 자율성: 스스로 결정하고 상황을 통제하기를 좋아한다.
> · 유능성: 무엇인가 잘하는 게 있고 그것에 몰입할 수 있다.
> · 관계성: 가족과 친구들을 통해 안정감과 소속감을 갖고 살 기 원한다.

자라는 아이들은 미숙하고 약하다. 스스로 결정하고 싶지만 아직 판단력이 부족하다. 잘해 내고 싶지만 여전히 실수투성이다. 용기 있게 보이고 싶지만 작은 소리에도 놀라고 불안하다. 이런 미숙한 아이에게 부모가 소리치며 화를 낸다. 아이에게 이런 상황은 마치 포탄이 터지고 총알이 빗발치는 전쟁터에 있는 것과 같다. 정글에서 으르렁거리는 사자와 마주쳤을 때 받는 충격과 비슷한 수준의 스트레스를 받는다.

엄마가 헐크처럼 변하여 폭발할 때, 아이는 스스로 결정하는 자발적 선택의 힘을 기를 수 없다. 전쟁 같은 상황에서 미숙한 아이는 자기 수준에서 자기 식대로 해석하고 반응한다. 엄마가 버럭 하는 순간, 아이는 자기를 보호하기 위해 방어벽을 친다. 엄마의 말 한마디에 과민 반응하는 청소년기 아이들의 행동은 살기 위한 나름의 방어장치인 셈이다.

사춘기에 들어선 아이들은 부모와 비슷한 형태로 화를 내거나 무기력, 방어적 태도 등으로 스스로를 보호하는 무의식 반응을 보인다. 이것은 오랜 시간 아주 서서히 만들어지는 것으로 인과 관계를 파악하기 어렵다. 언제 어떻게 시작되었고 어떤 시기에 더 악화되었는지 엄마나 아이나 깨닫기 힘들다.

서로 이런 반응을 반복적으로 경험하다 보면 지레 자포자기하고 살아가거나 서로 상처를 주고받으며 관계가 멀어져 결국엔 회복이 힘들 수도 있다. 엄마에게 사랑하는 아이와의 관계가 세상에서 제일 풀기 어려운 난제가 될 수도 있는 것이다.

지금 자신이 헐크맘 2단계, 3단계에 있다면 어떻게 해서라도 헐크맘에서 벗어나야 할 이유가 바로 여기에 있다. 헐크맘 4단계, 5단계에 있다 하더라도 자녀와의 관계 회복을 위해서 아니 평생 친밀한 관계를 만들기 위해서도 헐크맘 탈출은 반드시 필요하다.

정말 좋은 엄마가 될 수 있을까요?

5살, 3살 두 아이의 엄마입니다. 한숨부터 나오네요. 전쟁 같은 시간을 보낼 생각에 벌써 답답해집니다. 요즘 들어 아이들에게 화내는 횟수가 잦아졌어요. 하루에도 몇 번씩 자기 뜻대로 하려고 고집을 부리는 아이들과 씨름하면서 여러 번 폭발하는 상황이 벌어집니다.

처음에는 '내가 왜 이러지?'라고 생각했어요. 아이를 재운 뒤 그날 아이에게 했던 말과 행동이 떠오를 때는 정말 괴로워요. 엄마로서 한심한 제 모습에 자괴감이 들어요. 언젠가는 떼쓰는 아이에게 실컷 화풀이하고선 미안해서 한참 울었어요. 그날 화를 참지 못해 아이에게 손찌검했는데 놀란 아이의 표정이 너무 생생해요.

예전에는 소리 지르면 곧바로 미안했어요. '다시는 그러지 말아야지.' 꼭꼭 다짐했어요. 요즘은 그런 마음조차 들지 않아요. 매번 다짐해도 제자리인 것 같아서 제 자신이 너무 싫어져요.

엄마의 잘못된 양육이 아이에게 평생 상처가 되면 어쩌죠? 엄마 때문에 아이들이 정서적으로 불안한 아이로 크지는 않을까요? 걱정과 불안을 놓을 수가 없어요. 저 여기서 어떻게 벗어나죠?

외출해야 하는데 다섯 살 아이는 자기가 좋아하는 옷을 입겠다고 떼를 쓴다. 실랑이 끝에 결국 원하는 대로 들어주었는데, 이번에는 제 혼자서 옷을 입겠다고 고집부린다. 시간은 가고 어서 챙겨서 나가야 하는데 아이는 꾸물꾸물 제 뜻대로 직진이다. 꾹꾹 참던 엄마가 결국 소리를 지르고 만다. 헐크맘 2단계 엄마와 아이 사이에 나타나는 전형적인 모습이다.

아이는 자라면서 점점 자기주장이 강해진다. 미숙한 아이와 엄마는 자주 다툼을 벌인다. 엄마 생각과는 달리 제 고집을 부리는 아이를 보며 엄마는 난감하다. 큰소리로 야단도 쳐 보고, 때로는 조용히 달래도 보지만 소용없다. 여전히 특별한 이유 없이 저항하는 아이의 행동에 엄마는 감정을 다스리지 못하게 된다.

"아이에게 소리치고 싶은 엄마가 어디 있겠어요?"

엄마도 사람이기에 당연히 화가 날 수 있다. 하지만 미숙한 아이의 행동에 참지 못하고 너무 빈번하게 화내다 보니 이제 그게 성격이 된 것만 같다. 모성애로 가득했던 엄마는 어느새 버럭버럭 소리치는 엄마가 되었다.

이렇게 계속 살아야 하는가? 벗어날 길이 정말 있기는 한 건가?

1. 나는 내 아이에게 어떤 엄마인가요? 아이는 그 생각에 동의
   하나요?

   _____

   _____

2. 최근 아이에게 화가 났을 때 어떻게 화를 해결하셨나요?

   _____

   _____

Chapter 2
왜 화를 참지 못할까?

엄마는 왜 화내는 걸까?

대한민국에서 '헐크맘 현상'은 낯설지 않다. 우리 사회의 가부장적 문화와 구조, 성장 과정 그리고 출산 후 겪는 과정을 보면 아이를 향해 화내는 엄마가 많은 것에는 분명한 이유가 있다. 이 현상의 원인을 이해하면 욱하는 엄마로 변하는 자신의 상태도 명확히 인식할 수 있다.

사실 대부분의 엄마들은 제대로 엄마 교육을 받아 본 적이 없다. 사회에 나가서 직업을 얻고, 그 직업에서 목적한 것을 성취하도록 교육받았을 뿐이다. 부모가 되는 것이 무엇인지도 모른 채, 세상에서 엄마만 바라보고 엄마만을 생명처럼 의지하는 아이를 만난 것이다.

사람마다 차이가 있겠지만 대부분 무지한 상태로 혼자서 육아를 감당하게 된다. 육체적, 정신적, 감정적으로 모든 에너지를 쏟아붓는다. 스트레스가 쌓여도 제대로 해소할 여유도, 방법도 없다. 아이를 키우면서 쌓이는 스트레스와 부정적인 감정을 다루는 능력이 아주 부족한 상태가 되고, 심지어 어떻게 해야 할지 알려 주는 사람도 없다. 그저 무방비로 앉아서 당할 수밖에 없는 현실이다.

아이를 낳고 키우면서 경험하는 체력적 한계도 '헐크맘 현상'을 낳는데 한몫한다. 대한민국 여성의 대부분은 학창시절부터 약한 체력으로 근근이 버텨왔다. 쉽게 얻을 수 있는 에너지원인 탄수화물과 당에 의지해서 약한 체력을 지탱하다가 출산 후 많은 여성들이 결국 '당 중독' 상태가 되는 것이다. '당 중독' 상태가 되면 롤러코스터같이 급격한 감정 변화를 겪는다. 쉽게 스트레스를 받고, 우울해지고, 불안정한 정서 상태가 되기 쉽다.

우리 사회의 가정 문화도 무시할 수 없다. 부모로부터 온전한 인정과 수용을 경험한 사람이 얼마나 될까? 자신의 감정을 그대로 인정받고 공감받은 경험이 없다면, 아이를 키우면서 온전한 수용보다는 감정적인 폭발이 일어날 가능성이 더 크다.

더 큰 문제는 개인이든 사회든 '헐크맘 현상'과 그 원인에 대한 인식이 부족하다는 점이다. 습관적으로 화내는 엄마들은 자신이 어떤 상태에 있는지 알지 못하는 경우가 대부분이다. 그렇기 때문에 감정을 제어하지 못하는 상태는 끝없이 지속되는 것이다.

제대로 알기만 해도 대한민국의 '헐크맘 현상'을 막을 수 있다. 육아의 고충을 공감하고 이해만 해도 많은 엄마와 소중한 가정을 '헐크맘 현상'의 부정적인 영향에서 건질 수 있다.

○○ 육아가 화내는 엄마로 만든다

감정을 조절하지 못하는 엄마로 만드는 원인 중 하나는 '홀로 육아'다. 다른 사람들의 도움 없이 육아를 도맡다 보면 온종일 아이를 보살피는 전업 맘이든, 일과 아이 돌봄을 해내는 워킹 맘이든 하루는 사는 것이 아닌 '견디는' 시간일 뿐이다.

수진 씨는 출산을 위해 회사를 그만두었다. 출산 후 혼자서 아이를 돌봐야 했다. 친정과 시댁의 도움을 받기도 어려웠다. 남편은 날마다 야근으로 육아에 큰 도움이 되지 않았다. 수진 씨는 임신 사실을 처음 알았던 그 순간을 잊지 못한다. 자신 안에 있는 생명에 대한 기대와 기쁨이 남달랐다. 아이를 처음 안았을 땐 커다란 검은 눈동자를 가진 아이와 마주치던 그 순간 '내가 이 아이의 엄마야.'라는 생각에 기쁨의 눈물을 흘렸다. 세상에 하나밖에 없는 아이는 분명히 수진 씨 삶에 큰 기쁨을 주는 존재였다. 수진 씨의 인생에 처음으로 이 아이를 보호해야겠다는 온전한 책임감을 느꼈다.

하지만 홀로 아이를 돌봐야만 하는 상황이 모든 것을 변하게 했다. 육아는 홀로 감당하기 어려운 큰 짐이었다. 육아는 매일 극한의 상황을 마주치는 것과 같았다. 사랑하는 아이를 키우는 기쁨은 분명히 있지만, 순간순간 아파트 난간에서 뛰어내리고 싶을 정도로 정신적 극단으로 치닫게 했다.

"아이와 지내는 시간이 길어지면서 육아 스트레스가 심했어요. 세상에 홀로 남겨졌다고 느껴질 정도로 고통스러웠어요. 온종일 아이를 보지만 아이에게 온전히 신경을 쓰지 못한 적도 많아요. 그저 멍하니 있으면서 마치 로봇처럼 반응해요."

"육아에서 오는 무기력함으로 많이 힘들었어요. 사회활동을 전혀 하지 않는 제 자신이 무능하게 느껴졌어요. 또 육아도 제대로 감당하지 못하는 것 같아서 자책하는 시간도 많아졌어요. 그러면서 저도 모르게 감정을 주체하지 못하고 아이에게 화풀이하고, 그런 제 모습에 실망하여 죄책감을 견디기 어려웠죠. 뭐가 잘못된 건지 모르겠어요. 내가 무엇인가 잘못하고 있다는 생각에 마음이 힘들어요. 어떻게 해야 할지 정말 혼란스러워요."

육아를 경험하면서 생기는 육체적 힘듦, 신체적 변화, 정신적 무력감, 우울과 같은 다양한 부정적인 정서가 자신도 모르게 무의식에 차곡차곡 쌓인다. 결국 무의식에 쌓였던 그 감정의 기억은 아이가 성장하면서 일어나는 다양한 상황 속에서 시한폭탄이 터지듯 폭발한다. 오랫동안 쌓인 무의식의 감정이 활화산처럼 폭발하면서 자꾸 버럭버럭 소리치는 엄마가 되게 한다.

한계를 경험하며 쌓이는 감정

한 번도 경험해 보지 못한 극한의 체력적 한계를 경험해요.

아이를 낳은 후 몸이 온전치 않은 엄마는 아이를 돌보면서 집 안일까지 하기엔 육체적으로 많이 힘들다. 아이와 매일 씨름하면서 쉽게 체력이 바닥나고 몸 상태는 말이 아니다. 특히 수면시간이 턱없이 부족해서 만성피로에 시달린다. 아이는 시도 때도 없이 울어서 깊이 잘 수가 없다. 자랄수록 무거워지는 아이는 수시로 안아 달라고 보챈다. 그 요구를 다 받아 주다 보면 엄마 몸이 남아나질 않는다. 육체적인 한계와 함께 분노, 짜증, 답답함, 갑갑함, 우울함과 같은 부정적인 감정이 밀려온다. 말로 다 표현하지 못할 만큼의 스트레스가 층층이 쌓인다.

뭐라도 마음 편히 해 보는 게 소원이에요. 밥이라도 편히 먹어 봤으면 좋겠어요.

늘상 허겁지겁 쫓기듯 밥을 먹는다. 작은 소리에도 아이가 깰까 봐 조심해야 한다. 참다못해 화장실이라도 가면 꼭 그때 아이가 울어 댄다. 뭘 해도 껌딱지처럼 떨어지지 않고 엄마를 찾는다. 먹고 자고 화장실을 가는 기본적인 것들조차 마음 편히 할 수 없다. 내 의지대로 할 수 있는 일이 거의 없다. 갑작스러운 변화에 엄마도 적응하지 못해 고군분투하지만 내 자식을 키우는 일이라서, 다들 그랬다고 하니까 꾸역꾸역 받아들이게 된다.

"혼자 감옥에 갇힌 것 같아요."
"다들 괜찮은데 나만 이렇게 힘이 드는 건가요?"
"제가 아이를 잘 키우고 있긴 한가요?"
"다른 엄마들은 다 잘하는 것 같은데 나만 왜 이럴까요?"

집에 혼자 있으면 별별 생각이 다 든다. 예전에는 밖에서 일도 하고 친구도 만났었다. 그러나 지금은 온종일 아이와 함께 집에만 있다. 대화할 상대도 없다. 무인도에 윌슨과 함께 떨어진 느낌이 이런 걸까? 하루에도 몇 번씩 감정이 요동친다. 정체를 알 수 없는 무기력감, 불안한 생각이 꼬리에 꼬리를 문다.

직장생활이 아무리 힘들고 스트레스 받는 일이 많았다고 해도 육아에 비하면 꽃길이다. 밖에 나가서 돌아다니는 일 자체가 그립다. 지금 엄마가 된 나는 감옥에 갇힌 기분이다. 어떤 엄마는 혼자 육아를 하는 시간을 자기 자신을 태우는 시간이라고 토로했다.

시간이 지나면서 육아로 인한 육체적 고통은 나아지더라도 홀로 육아로 인한 외로움과 고립감은 내면에 쌓이고 더욱 심해진다.

나는 어디 있나요? 나를 잃어버린 것 같아요.

아이를 키우고 살림하며 살다 보니 엄마들은 '내'가 사라진 느낌이 든다고 말한다. 어느새 누구의 엄마로 불리기 시작했다. 분명히 이름이 있는데 그 이름을 부르는 이들이 없다. 엄마가 되기 전에 했던 '나' 자신을 위한 일은 이제 모두 꿈같은 이야기다. 화장하고 멋진 옷을 입고 나가 본 적이 언제였는지? 여자로서 '나'의 존재는 정말 어디 있는 것인가?

세상에서 가장 소중하고 사랑스러운 아이를 키우고 있지만, 정작 엄마의 가슴은 텅 비어 버렸다. 아무것도 하지 않으면서 그냥 시간을 보내는 것만 같다. 날이 갈수록 무기력함이 가슴을 짓누르기만 할 뿐이다.

아이를 키우는 일은 성취감을 얻는 일과는 완전히 다르다. 학교와 직장을 다니면서 그나마 느꼈던 성취감은 온데간데없다. 아이를 키우는 일을 아무도 알아주지 않는다. 엄마 역할에 자의 반 타의 반 몰입하다 보니 '나'를 상실한 듯한 기분이 든다.

워킹맘들도 '나'를 상실한 마음이 드는 것은 마찬가지다. 퇴근 했지만 집안일에 다시 출근이다. '육아 퇴근'을 하고 혼자만의 시 간을 누리고 싶지만, 아이는 오늘따라 자지도 않고 칭얼거릴 땐 정 말 환장한다. 간혹 아이를 재우다 함께 그냥 잠들어 버렸을 때 나 만의 시간을 놓친 것 같아 허망하다. '내'가 없는 이 인생에서 진심 으로 퇴근하고 싶다.

> 자꾸 마음이 상해요. 다들 아이만 이뻐해요. 정작 엄마인 내
> 가 어떻게 이 아이를 키우는지 알아주는 사람이 없어요. 나
> 만 독박을 쓰고 고생하는 것 같아요.

아이를 키우는 엄마로 인정해 주는 사람이 아무 데도 없는 것 같아 서운하다. 자기 아이를 낳아 키우는 걸 사람들은 당연하게 여긴다.

"애 키우는 게 뭐가 어렵다고…. 나 땐 말이야~."

주변에서 하는 말이 자꾸 간섭과 잔소리로 들린다. 다른 사람 들의 조언이 사실 엄마에게는 '너 지금 잘못하고 있어. 그렇게 키 워서는 안 돼.'라는 잘못을 지적하는 말로만 들린다.

초보 엄마일수록 아이를 잘 키워야 한다는 책임감과 부담에

마음이 편치 않다. 좋은 말도 부담이 될 수 있는 법이다. 쉽게 받아들이기 어렵다. 조금이라도 아이가 잘못한다는 소리를 들으면, 엄마는 자신의 잘못인 것마냥 속상하고 기가 죽는다.

자기 자신을 모르는 엄마들

아이들이 이쁘게 자라는 사진과 동영상이 인스타에 넘친다. 아이 키우는 엄마들이 겪는 소소한 스토리에 '좋아요'가 붙는다. 다들 행복하고 아이를 잘 키우는 것 같다.

그러나 엄마들은 너무 힘들다. SNS라도 하지 않으면 그저 돌아버릴 것 같다. 힘들다고 하면 마치 사랑이 부족한 엄마처럼 보일까 봐 힘들다는 이야기를 쉽게 꺼내지 못할 뿐이다. 남들은 다 잘하는 것 같은데 왜 나만 이러는 것일까? 이런 생각에 엄마들은 더 깊은 우울 모드가 된다.

출산 후 정서적으로 힘든 엄마들

산후우울증이 흔해졌다. 엄마들이 경험하는 우울증의 원인은 다양하다. 호르몬 분비와 같은 생물학적 요인에서부터 수면 부족, 영양 불균형, 스트레스, 육아로 인한 생활의 변화와 고립감, 무기력, 경력단절 등 심리적 원인까지 별의별 것들이 엄마들을 우울에 빠뜨린다.

육아 자체도 힘들지만 가족과 사회로부터 고립되고, 자아를 상실하는 것 같아 우울감이 생긴다. 아이를 돌보는 것에 대한 충분한 가치를 인정받지 못하는 게 엄마들을 더 깊은 우울과 정서적 불안으로 몰아간다.

진짜 심각한 문제는 엄마가 이런 정서적 불안 상태에 있다는 것조차 모르는 데 있다. 문제 안에 빠져 있지만, 정작 자신이 어떤 상태인 줄을 모르는 것이다. 이런 자기 인식의 부재가 엄마들이 우울함과 정서적 불안에서 헤어나올 수 없게 만드는 원인이 된다.

"아이에게 화를 내고 있는데 내가 지금 왜 화가 났는지도 모르고 화를 내는 걸 멈추지 못하는 거예요. 나중에 자책하면서 얼마나 울었는지 몰라요."

"아이를 낳고 2년 정도 혼자 육아를 했어요. 나중에 아이를 맡기고 일을 시작했는데 일하면서 다른 사람들 이야기를 듣게 되었어요. 그때 '내가 육아 우울증 아주 심했구나.'라는 생각이 처음으로 들었어요. 아이를 키울 때는 제 상태가 심하다는 생각을 하질 않았어요.

그런데 객관적으로 나를 돌아보니 아주 심각한 상태였어요. 우울한 상태에 빠져 정서적으로 불안정한 것은 알겠는데, 자기 인식이 잘 안 되니까 진짜 어떤 상태인 줄은 몰랐던 것 같아요. 심각한 상태인 줄도 모르고 '다들 이 정도겠거니.' 이렇게만 생각했어요."

모든 문제가 다 그렇듯이 수면 아래에 가라앉아 있을 땐 모른다. 결국은 악화되어 터지고 나서야 비로소 무엇이 문제인지 알게 된다. 문제를 알았다고 해결되는 것도 아니다. 자기 인식이 되지 않은 채 여전히 문제를 안고 문제적 인생을 사는 것이다.

엄마들이 자신을 잃어버렸다고 하는 말이 전혀 틀린 말이 아니다.

불안한 엄마, 불안한 아이

아이 낳고 혼자서 키우면서 우울증이 심했어요. 정작 내가 우울증인 줄도 몰랐어요. 시간이 지나고 나서 다른 사람들 이야기를 듣고서야 엄마인 저와 아이 모두 심각한 우울 상태인 걸 알았어요. 엄마로서 아이를 먹이고, 재우고, 기저귀 갈고, 옷 입히고, 목욕시키는 것만 했어요. 이걸 안 하면 얘가 살 수가 없으니까.

온종일 웹 소설만 봤어요. 애랑 놀아 주지 않았어요. 심지어 아이와 눈도 마주치기 싫었어요. 아이와 함께 있긴 하지만 웹 소설로 현실 도피했죠. 아이가 3살 정도 되었을 때였어요. 길을 가는데 아이가 광고판 사진에 있는 모델을 보고서 '엄마'라고 부르는 것을 보고 정신이 확 들었어요.

출생 후 3년은 엄마와 아이가 정서적 유대 관계를 맺는 '골든 타임(Golden Time)'이다. 이 시기에 아기는 몸과 마음이 쑥쑥 자라 며 엄마와 애착 관계를 맺는다. 엄마의 부드러운 관심과 따뜻한 보살핌을 통해 아기와 엄마 사이에 건강한 정서적 유대 관계가 형성된다.

아기는 일정 기간 엄마의 보살핌이 없으면 살 수 없는 무기력 한 존재다. 아기는 끊임없이 엄마에게 신호를 보낸다. 배고플 땐 울고, 기분 좋을 땐 웃고, 엄마와 눈을 맞추고, 안아 달라고 몸짓하 며 엄마에게 가까이 가려는 모든 행동과 노력이 애착을 위한 신호 다. 아기의 본능적 행동이다.

애착 행동은 엄마와 아이를 '사랑의 끈'으로 연결하는 것으로 볼 수 있다. 전문가들은 '사랑의 끈'이 단단히 연결되어야 아이가 모든 영역에서 안정되고 정서적으로 건강한 사람으로 자랄 수 있 다고 말한다. 육아 우울증으로 심한 스트레스 상황에 놓인 엄마들 은 아이와 사랑의 끈을 만드는 애착 맺기를 힘들어한다. 이 시기 에 정서적 불안으로 애착 형성이 불안정하게 되면 엄마와 아이 사 이에 사랑의 끈이 제대로 만들어지기 어렵다.

중요한 시기에 애착 관계가 제대로 형성되지 않다 보니 아이 가 자라면서 엄마와 정서적 연결도 제대로 이루어지기 힘들다. 엄 마가 자신도 모르게 우울하게 되고 정서적으로 불안하게 되면 아 이들도 비슷한 상황을 겪을 가능성이 크다. 엄마의 정서 상태가 아이의 정서에 큰 영향을 미친다. 많이 불안한 엄마일수록 정서적으로 불안해하는 아이를 키울수록 자신의 화를 조절하지 못하는 엄마가 될 가능성은 커진다.

꼬일 대로 꼬인 관계

"남편이 배려도 없고, 눈치도 없고, 관심 없는 사람처럼 굴어요. 나를 사랑했던 그 사람이 맞나 싶어요. 맞벌이하는데 누가 육아 휴직을 할 건지 의논하자는데도 "육아 휴직? 그럼 당신이 먹여 살릴 거야?" 이렇게 막말로 끝났어요."

""좀 도와줘요!'

"내일 일찍 회사 가야 하니까 잠 좀 자게 애 데리고 다른 방으로 가." 남편은 육아는 제 일이라고만 생각해요."

"저는 아이 때문에 회사를 퇴직했어요. 그런데 남편은 "아이랑 놀기만 해서 좋겠네."라고 말해서 기가 막혔죠. "나만큼만 벌면 내가 집안일 할게."라며 저를 대놓고 무시하더라고요."

《남편이 죽어버렸으면 좋겠다》(북폴리오)를 쓴 고바야시 미키는 육아를 위해 직장을 그만둘 수밖에 없었던 엄마다. 그녀는 감당하기 힘든 육아의 부담감과 어려움을 표출했다. 집에서 홀로 아이를 키우며 여러 번 남편을 죽이고 싶을 정도로 미웠다고 솔직하게 말했다.

과연 남편을 죽이고 싶을 정도로 힘든 아내들의 살벌한 마음이 일본만의 상황일까? 대한민국 아내들의 마음도 별반 다르지 않을 것이다. 다만 다행스럽게도(?) 자신의 생각을 선뜻 말과 행동으로 옮기지 않을 뿐이다. 기대했던 남편에게 도움을 받지 못할 때 아내의 마음에는 부정적인 감정이 겹겹이 쌓인다. 이 감정들이 결국 어디로 가겠는가? 결국 남편에게, 아이들에게 시한폭탄처럼 터질 수밖에 없다.

"남편은 아이와 전쟁 같은 삶을 겪는 제 마음을 전혀 모르는 것 같아요. 시댁이나 친정 부모님들도 마찬가지고요. 마음이 힘든데 어디 풀 곳이 없어요. 매일 분노가 치밀어 올라요. 세상이나 다른 사람에 대한 분노도 생기고요. 매번 분노의 대상은 애꿎은 남편이나 아이일 때가 많아요.
결혼하기 전부터, 아이를 낳고 나서도 마음을 단단히 먹었어요. 하지만 생각보다 너무나 힘든 하루하루였어요. 육아 문제로 남편과 자주 다퉈 사이가 나빠졌어요. 친정이나 시댁뿐만 아니라 미혼인 친구들에게는 속상한 마음을 다 털어 놓을 수도 없어요.”

“혼자서 아이를 돌보는 게 힘들다고 남편에게 짜증내면 싸움으로 끝날 때가 많아요. “그럼 나보고 어떻게 하라고? 집에서 온종일 애를 보는 게 뭐가 힘들다고 그래?” 이런 말을 들으면 정말 속이 뒤집혀요.”

“남편은 아이를 낳기 전까지만 해도 잘 도와줬어요. 이제는 집안일을 할 때 자기 일은 아닌 듯, 마지 못해 남의 일을 도와주는 사람처럼 굴어요. 사람들이 내가 아이를 키우는 일은 당연하게 여기고 남편이 아이를 보거나 집안일을 하면 “자상한 남편이네. 남편이 그런 것도 하네.”라고 하면 너무 속상해요.”

육아의 어려움을 이해하지 못해 시작되는 갈등은 단순히 육아 문제로만 그치지 않고 부부 갈등으로 번진다. 부부간에 점점 금이 갈 수밖에 없다. 이것은 결국 아내에게 정서적 고통으로 돌아와 가족 모두를 정서적으로 고통스럽게 만든다.

육아는 아이를 함께 키워 갈 엄마 아빠에게 가장 극한 시기를 통과하게 한다. 정신적, 감정적, 육체적 한계를 경험하면서 서로 원하지 않는 상처를 주고받는다. 다만 상처의 기억은 내면 깊숙이 박혀 있다가 참을 수 없는 상황이 되면 봇물 터지듯 수면 위로 올라와 폭발한다.

우리 부부도 마찬가지였다. 나는 아내가 얼마나 힘든지 몰랐다. 나 역시 육아는 낯설기만 했고, 무엇을 어떻게 해야 할지 몰랐다. "어떻게 사람이 그걸 모를 수 있어요?"라고 묻는다면 그것도 인정할 수밖에 없다. 어쩌다 부모가 되었고, 어쩌다 이런 상황에 이르렀다. 육아로 힘든 아내 곁에 든든한 남편으로 있어 주었더라면 어땠을까?

부부간의 좋은 관계는 행복한 자녀 양육을 위한 가장 필수적인 요소다. 정서적으로 건강한 엄마가 되는 결정적인 역할을 한다. '내가 어쩌다 이렇게 되었나?'라고 절망하는 엄마들은 자신을 구해 줄 누군가가 바로 남편일 것이라고 믿곤 한다. 그 사람도 나처럼 아이 양육에 책임이 있으니 말이다. 하지만 나를 구출해 줄 수 있는 영웅은 사실 본인 몸도 어쩌지 못하는 남편이 아니라 자기 자신이다.

당장은 억울할 수 있다. 하지만 조금은 냉정해질 필요도 있다. '이 억울함은 누구에게 도움이 될까?'

자신에게도, 남편에게도, 아이에게도 전혀 도움이 되지 않는다. 현재 나 자신과 상황을 있는 그대로 인식하고 인정할 때 변화는 시작된다.

생각하고 적용하기

1. 아이를 가졌다는 것을 알았을 때, 아이를 낳았을 때,
   아이를 보고 어떤 마음이 들었나요?

   _____

   _____

2. 아이를 낳고 키우면서 어떤 점이 어려웠나요?
   가장 힘들었던 상황은 언제였나요?

   _____

   _____

Chapter 3
마음에 분노를 담는 엄마들

마음속 무의식의 버튼이 눌러졌을 때

"나는 이미 끝났어. 하지만 너를 잘 키운 것으로 대신할 수 있어."

"아이가 빛을 내주어야 하는데 제 기대에 못 따라오면 속이 터지는 거죠. 그때부터 제 자신도 모르게 아이를 휘어잡고 몰아치기 시작해요."

"첫째는 저를 안 닮았어요. 둘째는 절 닮아서 공부는 안 하고 노는 것만 좋아해요. 자유롭고 친구하고 잘 어울리고 것은 좋은 장점이지요. 하지만 엄마로서 공부 잘하는 큰아이를 더 몰아치게 되요. 더 잘해야 하니까. 못하는 둘째도 잘하게 하려고 또 몰아쳐요. 결국 두 아이를 계속 몰아치면서 이성을 잃는 것 같아요."

> "아이의 잘못이 내 잘못 같고, 아이가 잘할 때는 내가 잘하는 것 같아요. 엄마와 아이는 운명적으로 하나가 되죠. 이게 한국 엄마들의 운명 아닌가요?"

엄마의 동일시 현상

육아 스트레스를 경험하는 엄마들은 한결같이 아이를 돌볼 때는 자신을 잃어버리는 듯한 느낌이 든다고 말한다. 자신이 가치 있는 일을 하는 것 같지 않다고 토로한다. 주체적인 자아로서 존재하기보다 누구의 엄마로 살게 되면서부터 자신의 의지와 상관없이 자신도 모르게 정체성을 잃어버리는 셈이다.

자신의 정체성을 잃은 엄마가 자신도 모르게 아이를 성취의 대상으로 삼는다. 이때부터 엄마의 머릿속에 공식이 돌아가기 시작한다. 이렇게 엄마와 아이의 운명이 동일시되는 것을 '엄마의 동일시 현상'이라 한다.

아이의 성공 = 나의 성공

아이의 실패 = 나의 실패

자녀를 키우면서 발생하는 '엄마의 동일시'가 엄마들을 변하게 만든다. 이때부터 엄마는 자기 자신을 위해 아이를 더 몰아쳐야 한다. 뜻대로 따라오지 못하는 아이 때문에 속이 터진다. 기대에 못 미칠 때, 기준에 미달할 때, 이러나저러나 마음에 들지 않고 못마땅할 때 폭발하게 된다.

부모가 아이에게 기대하는 게 무슨 잘못된 일인가? 자녀를 통해 인정받고 싶은 것은 모든 부모의 당연한 마음이다. 어느 부모든 자녀를 자랑스럽게 생각하고 자녀가 자기 생각대로 커 줬으면 한다.

혹시 아이가 잘못되면 어떻게 하지 하는 걱정도 부모로서 당연하고, 아이를 잘못 키우면 어쩌나 하는 걱정과 불안감은 어느 부모나 경험하는 일이다. 하지만 '엄마의 동일시'라는 빙산의 아랫부분은 결국 인정받고 싶은 마음과 실패에 대한 두려움이 자리잡고 있다. 이것은 부모가 아이를 사랑하는 자연스럽고 당연한 마음과는 다르다.

많은 사람들이 '엄마의 동일시 현상'을 자녀 사랑으로 착각한다. 그런데 아이에게 물어는 보았는가? 아이를 도우려는 일이 오히려 아이를 위한 것이 아닌 나 자신을 위한 일이 되어 버렸다. 아이를 통해 내가 인정받고, 내가 실패하면 안 되는 마음이 숨어 있는 것이다.

아이의 상태를 보면서 '지금 우리 아이에게 어떤 도움이 필요할까?'를 생각하기보다는 어느새 '엄마의 동일시 현상'의 무의식 버튼을 누른다.

"어떻게 하면 내 기대와 기준에 우리 아이를 맞출 수 있을까?"

이것을 무의식적으로 생각하며 엄마 각본·연출, 내 아이 주연의 시나리오를 짠다.

감정 폭발을 사랑으로 여기는 사람은 없다. 자신도 모르게 아이를 나 대신 성취해 주는 대상으로 보기 시작한 것일 뿐이다. 아이가 기대에 미치지 못할 때, 더 잘해야 한다고 생각할 때, 이러면 망했다는 생각이 들 때, 엄마의 동일시가 무의식에서 작동한다. 그때가 '헐크맘' 버튼이 눌러지는 순간이다.

엄마가 배워야 할 것을
배우지 못했을 때 벌어지는 일

"결혼 전이나 출산 전에 자녀 양육에 대해서 교육을 받았더라면 좋았을 거라는 생각이 들어요. 육아가 이렇게 힘들 줄은 생각지도 못했어요."

"무슨 문제라도 생기면 의지할 게 《삐뽀삐뽀 119》밖에 없었어요. 저는 사람들에게 배신감을 느낄 정도였어요. 왜 이 힘들 걸 결혼 전에 아무도 얘기해 주지 않았는지…. 미리 알고 준비하는 게 필요해요."

"결혼 전에 예비부부 교육을 받았어요. 부부가 어떤 존재인지에 대해서는 배웠지만, 육아에 대해서 배운 적은 없었어요. 주변에서 누가 가르쳐 주는 것도 아니라 너무 힘들었어요. 아기를 낳고 키우는데 결국 첫째 아이가 여섯 살, 둘째 아이가 네 살 때 너무 힘들어서 터져 버렸어요."

우리는 인생의 성취와 자기계발을 위해 많은 것을 배우고 익힌다. 하지만 부모가 되기 위해 무엇을 배웠는지 스스로에게 질문해 보라. 거의 없을 것이다. 다들 어쩌다 부모가 되고 어쩌다 양육을 시작했다.

질문	그렇다	아니다
자녀 양육에 대해 제대로 배운 적이 없다.		
자녀 양육서를 읽어 보고 주변에 묻기도 하지만 도대체 감이 오지 않는다.		
아이를 키울수록 막막함과 불안감이 커진다.		
자녀 양육에 대한 정보는 주로 주변 엄마들에게서 얻고 자극을 받는다.		
아이를 키우는 일을 조금 알 듯한 데 마음대로 안 된다.		
아이가 못마땅할 때가 있다.		
다른 집 아이들은 다 잘 크는 것 같다.		

이중에 하나라도 해당되는 것이 있는가? 있다면 당신도 어쩌다 부모가 된 케이스다. 공부하고 직장에 취직하도록 교육받았지만, 막상 엄마가 되어 아이를 키워야 할 때 무엇을 어떻게 해야 할지 몰라 막막하다.

"때 되면 다 해. 그냥 낳으면 다 잘할 수 있어."

이렇게 세뇌를 받았다. 엄마들이 아이를 제대로 키울 능력이 부족한 상태에서 제대로 키우지 못하는 것에 대해 자책하고 죄책감에 빠지는 구조가 만들어진 것이다.

뭔지도 모르고 엄마가 되어 홀로 육아를 경험하면서 울화만 쌓이진 않았는지, 자녀를 양육하는 기쁨은 모르는 채 자녀에 대한 책임과 부담감으로 힘들어하고 있진 않는지, 아이에 대한 기대감이 있는데 자기 기준에서 아이를 못마땅하게 보고 있진 않는지 이제 조용히 나를 돌아볼 때다.

이제라도 찬찬히 부모 교육을 받아 볼 필요가 있다. 자신이 어떤 부모가 되고 아이는 어떻게 키울지 그리고 부모 자신과 아이의 특성에 따라 어떤 양육 방식을 택할지, 부모는 자신의 양육철학을 세울 필요가 있다.

아이의 성장 단계에 따라 관찰, 경청, 아이-메시지와 같은 파워 자녀 양육 스킬을 익혀야 한다. 또한 부모가 자녀를 양육할 때 일어나는 스트레스를 적절히 관리하는 방법을 알아야 한다. 무엇보다도 부모가 자기 자신을 알아야 한다.

정서적으로 건강한 아이로 키우기 원한다면 미리, 아니 지금이라도 하나씩 해 보자. 당장 준비가 되지 않았어도 이제부터 하나씩 차근차근하면 된다. 그러면서 진짜 어른이 되어 간다.

뇌에 분노가 찬다

대한정신건강의학회가 발표한 자료에 따르면, 성인의 절반이 분노조절장애를 겪고 있고, 열 명 중 한 명 정도는 정신과 치료가 필요하다고 한다. 자신의 감정을 제대로 표현하거나 처리하는 데 정서적으로 미숙한 사람이 많다는 말이다.

'분노조절장애'는 분노를 통제하거나 조절하지 못하는 증상이다. 정신과 의사들은 분노조절장애를 '간헐성 폭발 장애'로 진단한다. 일반적으로 '간헐성 폭발 장애'는 분노와 관련된 감정 조절을 스스로, 이성적으로 제어할 수 없는 상태다. 간헐적으로 공격 충동이 억제되지 않아 실제 주어진 자극의 정도를 넘어선 공격적인 행동을 보인다. 감정을 조절하고 통제하는 두뇌의 전전두엽에 과도한 스트레스가 쌓여 더이상 정상적으로 기능하지 못하고 자신도 모르게 감정이 쉽게 폭발한다.

감정을 겉으로 표현하지 않고 억누를 때 분노가 쌓이는데, 전전두엽이 제어할 수 없을 만큼 분노가 쌓이면 폭발한다. 화를 많이 참는 사람일수록 정서적으로 불안정하고 '간헐성 폭발 장애'가 일어날 가능성이 크다.

분노조절장애의 증가는 우리 사회 모습을 반영한다. '빨리, 많이, 먼저'를 외치면서 결과만을 중시하는 사회에서 우리는 늘 불안정한 정서로 살아왔고 부모나 사회로부터 감정 조절 방법을 제대로 배우지 못했다. 자신의 감정을 건강하게 표현하는 법보다 참고 견디는 것이 미덕이라고 배웠다. 사람이 살아가는 데 가장 중요한 감정 조절을 체계적으로 배운 사람이 과연 몇이나 될까?

항상 참을 인(忍) 자 세 개를 마음속에 쓰며 억누를 줄만 알았다. 건강하게 해결할 줄을 모르고 평생 억눌린 감정을 무의식에 쌓는다. 엄마들도 예외는 아니다. 오히려 홀로 육아하고 육아 우울증을 겪으며 어느새 분노에 더 민감하게 반응하게 되었다. 엄마의 뇌와 몸에 분노가 쌓이게 되었다.

엄마가 천방지축 어디로 튈지 모르는 아이와 함께하며 감정을 조절하지 못하게 되는 건 이상한 일도 아니다. 스트레스는 쌓이고, 체력은 바닥나고, 정서적으로 불안한 상황에서 자신도 모르게 눌려 있던 감정 덩어리가 미숙하고 답답한 아이의 행동에 순간적인 분노로 표출되는 것을 누가 막겠는가? 그 누가 엄마의 이 갑갑한 마음을 알겠는가?

감정 조절에 미숙한 아이,
이에 반응하는 엄마

"또 시작이네. 도대체 왜 그러는 거야?"

어른이든 아이든 온갖 감정의 파도가 매일 끊임없이 밀려온다. 아이의 뇌는 어른보다 덜 발달한 상태로 아직 방어기제도 튼튼하지 못하다. 그래서 아이들은 외부 자극에 훨씬 민감하여 작은 자극에도 더 쉽게 반응한다. 문제는 그런 아이들의 반응에 어른도 참지 못하고 쉽게 반응할 때 생긴다.

아이들은 따라 하기 천재들이다. 무의식적으로 부모를 따라 한다. 좋은 점도 따라 하고 부족하고 연약한 부분도 따라 한다. 부모가 어떻게 감정을 다루는지도 그대로 따라 한다. 부모가 감정을 잘 다스리고 정서적으로도 부지런히 아이와 교감을 한다면, 아이도 자연스럽게 그런 부모의 모습을 따라 할 것이다. 아이가 느끼는 감정에 부모가 차분하게 반응할수록 아이는 안정감을 얻고 그 과정을 통해 배운다. 아이들은 부모의 뒷모습을 보면서 배우기 마련이다. 아이가 화나고 무섭다는 불쾌한 감정을 느낄 때 부모의 수용과 위로를 받는다면, 아이는 고통스러운 감정에서 벗어나 안도감을 느낀다. 자신의 존재에 대해서도 존귀하고 가치 있는 존재로 여긴다. 정서적으로 건강한 아이로 자라게 되는 것이다.

반면 욱하는 부모를 자주 본 아이들은 자신의 감정을 차분히 조절하기 힘들어한다. 실제로 전문가들은 '부모의 분노조절장애'가 '아이의 분노조절장애'로 이어질 수 있다고 말한다. 부모의 감정 조절 문제가 성장기 아이들에게도 고스란히 전해진다고 말한다.

외부 자극에 민감해진 아이들은 가정에서 정서적으로 건강하지 못한 부모에게 영향을 받는다. 부모에게서 충분히 이해받고 수용 받지 못하다 보니 점점 내면에 억눌린 감정을 주체하지 못하고 터트리기 시작한다. 아이마다 차이는 있겠지만 사춘기 시절을 지나 심지어 사회인이 되어서도 작은 자극에도 견디지 못하고 폭발하거나 무기력한 모습을 보인다.

부모들이 버럭하는 자신의 모습이 아이에게 좋지 않다는 것을 모르는 바가 아니다. 하지만 그 영향이 어떻게 아이의 무의식에 쌓이고 오랜 시간 삶에 영향을 주는지는 아직 잘 모르는 것 같다.

8살짜리 아이에게 엄마가 화가 나서 별생각 없이 소리 질렀다.

"도대체 넌 애가 왜 이렇게 게으른 거니?"

어른들은 다 듣는 것 같지만 안 듣는다. 아이들은 안 듣는 것 같지만 다 듣는다. 큰 아이처럼 보여도 아직 분별력이 부족할 수 있다. 엄마의 말을 여과 없이 곧이곧대로 받아들인다.

'아, 나는 게으른 아이구나.'

부모가 반복적으로 하는 말이라면 더 깊게 무의식으로 받아들인다. 평생을 그 무의식대로 살아갈 수 있다.

청개구리 같은 아이들

감정 표현의 중요성을 잘 모르거나 아이의 감정을 무시하거나 정서적으로 불안한 부모가 있다면 아이는 어떻게 반응할까? 청개구리가 된다. 감정 조절 못하는 엄마 말을 그대로 따라 하는 청개구리말이다.

엄마는 게으르면 안 된다는 의미로 "넌 애가 왜 이렇게 게으른 거니?"라고 했는데 아이는 자신을 게으른 존재로 생각해서 게으르게 행동한다. 말이 안 되는 것 같지만 현실은 슬프게도 이렇게 돌아간다.

그리고 더 안타깝게도 이런 아이들의 미숙한 청개구리 같은 행동은 엄마의 화를 촉발하게 하는 방아쇠가 된다. 미치고 환장할 노릇이다. 엄마들은 너무 쉽게 마치 파블로프의 개가 조건에 반응하듯 정신 줄을 놓아 버린다.

무례함, 불순종, 무책임, 분노, 신경질, 자녀들 간의 싸움, 떼쓰기, 말대꾸, 협박, 낮은 자존감을 보이는 행동은 엄마를 수시로 자극한다. 이럴 때 엄마들은 '헐크맘 발사 레드 버튼'(Red Button)을 누르게 된다. 많은 엄마가 아이들의 미숙함을 반항이나 무례함, 엄마에 대한 무시로 오해하는 것도 역시 엄마들을 자동 반응하게 만든다.

부모들과 아이들은 감정적으로 대립하는 상태가 되기 쉽다. 여유가 없거나 컨디션이 좋지 않을 때는 더욱 민감하게 감정적으로 대립한다. 아이들의 감정 자극에 엄마들은 쉽게 화내고 아이들은 엄마의 감정 반응을 그대로 따라 하면서 작은 헐크가 된다. 헐크맘이 작은 헐크들을 만드는 이 악순환, 이제는 멈춰야 할 때다.

엄마의 부정적인 중독 ①

엄마가 아이에게 버럭버럭 화내는 것은 만성적인 감정 중독이다. 반복적으로 기억에 저장된 감정, 특히 부정적인 감정은 중독된 상태에서는 더 쉽게 즉각적으로 일어난다. 갑작스러운 분노 폭발, 자책, 우울 등이 습관적으로 반복된다면 혹시 내가 감정 중독 상태는 아닌지 점검해 볼 필요가 있다.

사람은 좋은 감정이든 나쁜 감정이든 감정에 중독될 수 있다. 어떤 사건과 상황을 경험하면서 감정이 일어날 때 몸에 강력한 신경 전달 물질이 분비되는데 그 신경 전달 물질과 관련된 감정은 자연스럽게 사람의 뇌와 몸의 세포에 저장된다. 이런 과정을 통해 그 특정 감정에 대한 감정 중독이 신체 반응으로 나타난다.

알코올 중독이든, 쇼핑 중독이든 어떤 것에 중독된다는 것은 그 사건이나 상황, 사물과 연관된 감정이 조건이 이루어지기만 하면 반복적으로 자동 발생한다는 것이다. 사람의 몸은 의식적이든, 무의식적이든 그 중독 상태를 경험하려고 한다. 어떤 물건이나 상황에 대해 감정 중독이 일어나는 것이다.

사람의 뇌와 몸에 저장된 감정은 비슷한 사건이 벌어지거나 심지어 생각만 하더라도 자연스럽게 나타난다. 해당 감정과 관련된 신경 전달 물질이 분비되면서 마치 마약이나 알코올에 중독된 것 같은 감정과 신체 증상을 경험하는 것이다.

자녀에게 감정 폭발과 함께 뒤이어 따라오는 후회와 자책과 죄책감이 어느 순간부터 습관이 되진 않았는가? 멈출 수 없는 상태가 되지는 않았는가? 이제는 자신의 성격이 된 것처럼 자연스러워진 것은 아닌가?

누구나 자신도 모르게 깊은 감정 중독 상태에 빠질 수 있다.

엄마의 부정적인 중독 ②

"쟤 왜 저래? 또 당 떨어졌나 보네."

오후가 되면 몸이 피곤하고 나른해지면서 집중력이 떨어진다. 이러한 상태를 사람들은 당 떨어졌다고 표현한다. 혈당이 급격히 떨어졌을 때는 집중력을 잃고 쉽게 짜증을 내거나 감정을 억제하지 못할 수 있다. 이것은 사실 몸이 에너지가 떨어지고 호르몬의 변화로 인해 다양한 신체적, 감정적 반응이 나타나고 있다는 신호다. 이런 상태에서는 신경질적으로 소리를 지르거나 통제할 수 없을 정도로 쉽게 화를 낼 수 있고, 짜증이 많이 나고 이유 없이 분노하거나 우울한 감정이 들기도 한다.

"잠을 못 자서 늘 피곤해요. 아이랑 매일 씨름하다 보면 쉽게 지쳐요. 입맛이 없을 때 달달한 캐러멜 마끼아또 한 잔으로 끼니를 때운 적이 많아요. 지친 상태에서 아이가 떼쓰거나 꾸물거릴 때 저도 모르게 화낼 때가 있어요. 아니면 그런 상황을 참고 쌓아 놓았다가 남편이나 아이에게 화풀이한 적도 있어요."

"언제 아이에게 화를 냈는지 다이어리에 적어 봤어요. 몸이 피곤할 때, 아플 때, 제때 먹지 못했을 때, 대부분 몸 상태가 좋지 않을 때였어요. 시간대도 일정했어요. 몸은 피곤한 데 아이들이 하원해서 엄마에게 보채고, 아이들이 자기 전에 양치를 시켜야 하는데 말은 안 듣고, 순간 나도 모르게 폭발하는 것 같아요."

"아이를 키우면서 잘 차려 먹기는 힘들어요. 항상 쉽게 먹을 수 있는 탄수화물이 많은 음식을 먹었던 것 같아요. 영양은 별로 없고 달달하고 쉽게 허기를 채울 수 있는 그런 음식들만 찾아서 먹게 돼요."

힘들었던 대학입시 기간을 보내고 대학과 사회생활을 거치면서 체력을 기르는 일과는 담을 쌓고 살았다. 출산 이후 체력 저하 상태가 되어 아이를 키우는 일은 육체적으로 엄청난 에너지를 필요로 하는데 엄마의 체력은 이미 바닥난 상태다. 누군가 이렇게 말한다.

"균형 잡힌 식사를 하면서 엄마 몸을 잘 관리하세요."

이미 육아로 지친 엄마들에게는 균형 잡힌 식사는 정말 쉽지 않은 일이다. 생존을 위해 한 끼를 챙겨 먹기도 버겁다. 쉽게 해치울 수 있는 라면이나 빵 같은 탄수화물 위주의 식단일 수밖에 없다. 이런 상황에서 엄마들은 자신도 모르게 탄수화물 중독 상태가 된다. 엄마와 아이 모두 탄수화물로 만들어진 음식에 길들여진다. 탄수화물 효과로 몸에 당이 생길 때는 기분도 좋고 배도 든든하게 채워진 것 같다. 하지만 당이 급격히 상승했다가 떨어지는 혈당 스파이크 현상이 일어날 때, 아이도 엄마도 쉽게 짜증을 내고 감정의 기복이 심해지는 상태가 된다. 이런 상태가 반복되면 감정 조절에 취약하게 된다.

엄마나 아이 모두 당 떨어지는 시간대가 위험한 때다. 특히 아이들 하원, 하교와 맞물리는 오후 4-6시, 아이들이 잠자리에 들기 전 시간대인 저녁 8-10시가 특히 취약한 시간이다. 이때가 무서운 엄마로 돌변하기 쉬운 타이밍이다.

몸이 나른한 오후 4시, 하교한 아이는 말도 안 되는 이유로 징징댄다. 엄마 역시 체력은 바닥이 났고 마음은 급하다. 이미 반복적으로 버럭하는 감정 중독과 혈당이 떨어질 때 감정 조절에 취약한 당 중독 상태에 있다. 아이가 돌발적으로 못마땅한 행동을 한다면 자연스럽게 감정이 폭발하는 조건이 형성된다. 정신줄을 똑바로 잡지 않으면 엄마의 폭발은 시간문제다.

"이제 숙제할 시간이야."

엄마 말에 아이는 들은 척도 하지 않는다. 이때 당신은 과연 어떤 생각과 감정이 드는가? '또 시작이네.' 이런 생각이 떠오르며 자신도 모르게 열폭하지 않았는가? 그때를 조심해야 한다.

내 강의를 들은 한 엄마는 아이의 하교 시간에 자신이 매번 화내는 이유를 깨닫게 되었다고 했다. 유독 체력이 약하고 당이 떨어지는 상황에 민감한 엄마였다. 자신의 상태를 알게 된 이후 아이가 하교하기 전 미리 충분히 휴식을 취하고 건강한 간식으로 영양을 보충했다. 체력적 여유가 생기고 당이 떨어지는 현상에 대비하자 신기하게 아이에게 갑자기 화를 내는 일이 현저하게 줄었다고 했다.

엄마가 자신의 상태를 정확하게 인식하고 상황에 맞게 실천한 것이다. 그렇다면 버럭하고 화내는 엄마에서 벗어날 힘이 생긴 것이다. 참 잘했다. 이렇게 하면 된다.

화내는 엄마에서 벗어날 길은 분명히 있다. 이미 탈출에 성공한 엄마들도 있다. 정서적으로 건강하고 아이와도 좋은 관계를 맺으며 우아하고 성숙한 엄마가 되는 방법이 분명히 있다. 아이의 성장단계에 따라 잠재력을 키워 주며 엄마와 아이 모두 행복한 관계를 맺을 수 있는 길이 있다.

생각하고 적용하기

1. 부모가 되기 전이나 부모가 된 후에 부모 역할을 위해 무엇을 배운 적이 있나요?

_____

_____

2. 자신도 모르게 아이에게 버럭하며 화내는 원인이 무엇이라고 생각하나요?

_____

_____

3. 부모 역할을 위해 필요한 것은 무엇일까요?

_____

_____

4. 당신의 자녀를 양육하기 위한 기본 원칙이나 방향은 무엇인가요? 부모로서 익혀야 할 양육 스킬은 무엇이라고 생각하나요?

_____

_____

5. 자녀를 양육하면서 생기는 스트레스를 어떻게 관리하고 있나요?

_____

_____

Chapter 4
정서적으로 건강한 엄마 챌린지

세 가지 파워 양육 스킬

"마음은 받아 주고 행동은 고쳐 주세요."

자녀를 양육하는 부모의 기본 행동원칙이자, 황금률(Golden Rule)이다. 부모가 아이의 마음을 공감해 주고, 주의를 기울여 경청하고, 아이-메시지(I-Message)를 사용하여 비난하지 않고 아이를 옳은 길로 이끌어 주는 것은 부모 역할의 기본 중 기본이다.

부모의 감정을 건강하게 표현하면서 아이가 자신의 행동을 인지하고 바꿀 수 있도록 지도하는 양육 방식은 아무리 강조해도 지나치지 않다. 이 방식이 엄마와 자녀 사이에서 제대로 작용한다면 '헐크맘 현상'은 일어나지 않는다. 하지만 법은 멀고 주먹은 가깝듯, 아이의 마음을 받아 주고 행동을 고쳐 주는 게 쉽지 않다.

왜 이런 자녀 양육의 황금률을 현실에서 실천하기 어려울까?

우선 부모가 어떻게 양육해야 할지 배운 적이 없어서다. 배웠다 하더라도 자녀 양육 교육이 지식적인 면에 치중하기 때문에 가르치는 사람이나 배우는 사람이나 지식을 얻으면 문제가 해결될 수 있다고 생각한다.

'헐크맘 현상'을 지켜보고 엄마들의 호소를 들어볼수록 지식 중심 부모 교육의 한계는 너무나 명확하다. 자녀 양육 전문가나 아이를 잘 키웠다는 부모들의 말을 들으면서 오히려 '내가 잘못하고 있구나.' '실천하지 못하는 내가 문제구나.' 하는 엄마의 죄책감만 더해질 뿐이다.

반복적인 연습과 훈련을 통해 몸으로 익히고 익숙하게 사용하는 자녀 양육 스킬이 필요하다. 머리로 아는 자녀 양육 비법 백 개보다 꾸준히 실천할 수 있는 똘똘한 자녀 양육 스킬 하나가 아이를 키우는 데 훨씬 도움이 된다.

· 소극적 경청
· 적극적 경청
· 아이-메시지 (I-Message)

이 세 가지를 기억하자. 이 세 가지 파워 양육 스킬은 버럭버럭 화내는 엄마를 늪에서 구해 낼 비장의 무기다. 아이의 마음을 받아 주면서 바람직한 행동으로 이끌어 주기 위해 이 세 가지 파워 스킬을 제대로 익힌다면 가정에서 겪는 감정 조절에 대한 대부분의 문제는 사라진다.

2분 만에 아이의 마음을 여는 법

아이의 말을 제대로 경청하는 부모는 흔치 않다. 경청만 잘해도 부모와 아이가 겪는 많은 문제가 쉽게 해결되는 데 말이다. 아이의 말을 끝까지 온전히 듣지 않고서는 부모가 아이의 마음을 제대로 헤아릴 수는 없다.

"단 2분 동안만 아이에게 온전히 집중해 주세요."

제발 딴 생각하지 말고 부모가 딱 2분만 온전히 집중해서 주의를 기울여 들어주자. 아이들이 변한다. 고개를 끄덕이거나 몸을 앞으로 기울이거나 미소를 지으면서 듣는다면 아이는 부모가 자신의 마음을 알아준다는 것을 느끼며 안심한다. 주의를 기울여 묵묵히 아이의 눈을 맞추고 끝까지 경청하는 방식을 '소극적 경청'이라 한다.

"아, 그렇구나."

"그랬구나."

"그래 맞아."

"진짜?"

"정말?"

"저런, 그래서?"

이런 간단한 말은 아이들의 마음을 풀어 주는 매직 워드(Magic Word)다. 부모의 이런 반응은 아이가 말을 계속할 수 있도록 도와준다. 아이는 부모가 자신의 마음을 수용해 주고 있다는 것을 느낀다.

"그래? 그래서 그 다음에 어떻게 됐어?" 이런 관심을 보이는 반응과 아이 말을 그대로 다시 반복해 주거나 확인하면서 마음을 수용해 주는 언어적 반응을 '적극적 경청'이라고 한다. 이런 경청 방식을 통해 아이는 부모가 자신의 마음을 헤아려 주고 공감해 준다는 것을 알게 된다.

"나 학교 안 가. 공부하기 싫어!"

아이는 어이없는 말도 너무 쉽게 내뱉는다. 이때 부모는 어떻게 반응해야 할까?

"지금 너 무슨 소리야. 학교 가야지."

"또 그러네. 정신 차려."

"너 공부하기 싫으니까 그러는 거 아냐? 한 번 혼나 볼래."

이렇게 아이에게 쏘아붙이지 말고 크게 호흡 한 번 하고 엄마의 정신 줄부터 잡자.

"지금 화가 많이 났나 보네. 화가 나서 학교에 가기 싫구나. 학교 가기가 왜 싫어졌을까?"

이렇게 적극적 경청을 해 보자. 차분한 말투로 아이가 왜 그런 말을 하는지를 잘 들어 볼 필요가 있다. 아이 입장에서 공감하면서 아이의 마음속 생각에 집중해야 한다.

아이에게 내 마음을 온전하게 전하는 법

아이가 수용할 수 없는 행동을 해서 엄마가 단단히 화가 났다. 아직 미숙한 아이는 자신이 뭘 했는지 인식하지도 못한다. 이런 상황에서 엄마가 큰소리로 화낸다면 아이가 자신이 무엇을 했는지 깨닫고 반성할 수 있을까? 자신의 태도나 행동을 바꿀 수 있을까? 입장 바꿔 생각해 보자. 성숙한 어른들도 쉽지 않다. 아이들이야 말해 무엇하겠는가! 이때가 바로 아이-메시지(I-Message)를 사용할 때다.

'나'를 주어로 하는 아이-메시지는 내 생각이나 느낌을 상대에게 전달하면서도 상대방을 비난하지 않는 의사소통 방식이다. 아이-메시지로 엄마의 마음을 부드럽게 아이에게 전달할 수 있다.

실제로 사람들은 사랑하면 거의 모든 순간 아이-메시지로 소통한다.

"(나는) 당신을 사랑해."

"당신이 이렇게 하니까 (내 마음이) 정말 기뻐."

아이의 행동으로 인해 부모의 마음이 불편할 때, 아이의 행동을 바람직한 방향으로 이끌어 주는 것이 필요할 때, 아이를 비난하지 않으면서 부모의 마음을 전달하는 아이-메시지를 사용해 보자.

부모의 아이-메시지는 부모나 아이 모두에게 유익하다. 아이도 부모의 생각이나 감정 상태를 받아들일 수 있다. 아이는 자신의 행동이 다른 사람의 마음에 어떤 영향을 주는지 자연스럽게 배울 수 있는 기회가 된다. 아이-메시지를 사용하는 부모의 감정 표현 방식을 배우면서 다른 사람과의 관계에서 자신의 감정을 자연스럽게 표현하게 된다. 정서적으로 건강한 아이로 자라게 된다.

"엄마가 보니까 우리 아들이 물건을 아무데나 놓고 치우지 않네. 그래서 엄마가 조금 힘드네. 자기가 쓴 물건은 제자리에 놓아 주었으면 좋겠어."

"네가 침대 위에 올라가서 뛰고 있는 것을 보니까 다칠까 봐 걱정 돼. 그래서 엄마는 네가 침대에서 안 뛰었으면 좋겠어. 어떻게 생각해?"

엄마가 아이의 행동으로 인해 어떤 감정이 들었는지를 거울처럼 보여 준다. 비난과 판단, 훈계, 지시, 조종이 아닌 아이-메시지를 통해 엄마의 마음을 있는 그대로 반영해서 아이가 자기 행동을 볼 수 있게 비춰 준다. 비난받지 않고 자신의 마음을 이해받은 아이는 부모가 제시한 행동을 스스로 선택할 가능성이 커진다.

'정서적으로 건강한 엄마 챌린지'를 시작하다

　　과연 감정 조절 못하고 욱하고 화내는 엄마에서 벗어날 방법은 있기나 할까? 그 방법을 찾기 위해 15명의 엄마들과 함께 한 달 동안 '정서적으로 건강한 엄마 챌린지'를 진행했다. 이 챌린지의 목적은 세 가지 파워 양육 스킬을 머리가 아닌 실제 몸에 배도록 익히는 데 있었다.

　　훈련 내용은 간단하다. 유초등생 엄마들이 매일 세 가지 파워 양육 스킬, 소극적 경청, 적극적 경청, 아이-메시지를 아이와 함께 하는 일상에서 실천한다. 그리고 세 가지 파워 양육 스킬을 어떻게 사용했는지를 돌아보는 것이다. 엄마들은 매일 밤 10시 자신의 하루 훈련 상황을 단체 대화방에 올리고, 10점을 만점으로 각 항목에 대한 실천 정도를 점검하고 나누기로 했다.

> "소극적 경청 6 적극적 경청 6 아이-메시지 5"
> "8, 8, 8. 오늘은 서로 이야기도 많이 하고 편안하게 즐겁게
> 보냈어요. 오랜만에 High Score 줘 봅니다."

혼자서는 포기할 만한 일도 비슷한 처지의 엄마들이 모이니
신기하게 에너지가 넘쳤다. 매일 자신의 탈출 훈련 상황을 대화방
에 올리고, 적극적으로 댓글을 달아 주며 서로 격려했다. 하루 동
안 아이들과 어떤 일이 있었는지 스펙타클, 판타스틱 리얼 스토리
가 펼쳐졌다. 단지 훈련 점수만 아니라 아이와 있었던 소소한 사
건들과 그때의 감정을 솔직하게 있는 그대로 털어놓고 때론 웃음
을, 때론 눈물을 쏟아 냈다.

> "소극적 경청 8, 적극적 경청 8, 아이-메시지 8. 오늘 무던하
> 게 노력한 저에게 후한 점수 주고 싶어요. ㅋㅋㅋ 여러 번 고
> 비가 있었지만 간당간당 넘어갔네요. '정건맘 챌린지' 체크
> 첫날인지라 아무래도 엄청 신경 쓰여서 ㅋㅋㅋ."
> "8, 9, 6 적극적 경청을 재미있게 할 여유가 있어서 감사한 하
> 루였네요. 오늘도 모두들 무사히 파이팅입니다. ^^♡"

어느 날은 만족스럽지만, 어느 날은 땅을 100미터쯤 파고 들
어가고 싶다. 엄마들은 함께 훈련을 받는 다른 엄마들에게 자신의

난감한 이야기들을 솔직하게 말했다. 이런 이야기를 속시원하게 어디 가서 할 수 있겠는가? 물론 때때로 예전과 같이 헐크처럼 분노하고 후회와 자책, 죄책감이 몰려오고 괴로워할 때도 있다. 하지만 그때마다 같은 상황에 놓인 엄마들의 위로와 격려가 폭포같이 쏟아졌다.

> "오늘 저는 아이의 의사를 묻고 경청해서 스스로 선택하는 '상황'을 기다렸습니다만 오늘은 아이 의사대로 선택하게 놔둘 수 없는 일들만 있어서…. 숙제라든지, 목욕이라든지, 제 생각엔 '아이 선택'대로 하게 했다간 제 속이 편치 않을 것 같아 아예 아이-메시지를 안 하고 얼른 하자! 짧고 굵게 해치워 버렸네요. ㅋㅋㅋ"
> "저도 오늘 부끄러워요. 거의 다 때려칠 뻔…. 둘째는 아무 말 없이 숙제도 잘하는데, 첫째는 오늘도 버티는데 속에서 이럴 때 감정을 읽어 주어야 하나 하는 생각이 올라왔으나, 속에서 솟아오르는 뜨거운 열불, 그 열불 잡느라 아이-메세지는 주머니에 넣어 버리고 꾹꾹 누르고 넘어갔네요."
> "전 오늘 막판에 막 비난을 쏟아부었어요. 겨우 잠들기 전에 아이의 마음을 풀어 주고 기분 좋게 잠들었어요. 내가 오늘 너무 많은 일을 했나, 피곤했나 돌아보게 됩니다. 별거 아닌데 끝에 가서 잠시 정신 줄을 놓아 버렸네요."

엄마들의 의지가 활활 타올랐다. 사랑하는 아이를 위해서 못할 게 없다. 아이를 위해서라면 세상 끝이라도, 불구덩이라도, 뛰어들 수 있는 게 엄마다. 하지만 새롭게 변하려고 하면 할수록 내면의 무의식이 더욱 강하게 저항하며 뒷다리를 잡는다.

일주일이 지나면서 '정서적으로 건강한 엄마 챌린지'가 위기를 맞았다. 엄마들의 아이-메시지 평균 점수가 0점이 되는 상황. 정서적으로 건강하고 우아한 엄마로 변신하려는 의지가 한풀 꺾였다. 엄마들이 자책과 좌절 모드로 들어가려는 바로 그때, 코치인 내가 나서야 할 때다.

"엄마도 사람이라서 실수할 수 있어요. 심지어 실수를 자주 반복적으로 할 수 있어요. 먼저 있는 그대로 인정하세요. 사람이라서 그렇다고. 스스로에게 괜찮다고 해 주세요. 실수할 때는 자신에게 웃어 주면 됩니다. 자신에게 이야기해 주세요.

"지금 나는 훈련하고 있다."

실수하고 실패하는 아이를 엄마가 어떻게 격려해 줄 수 있을까요? 아이가 실수하고 실패했을 때 속상한 마음을 알아줍니다. 그리고 괜찮다고, 잘하고 있다고 이야기해 주며 웃어 주고 격려할 겁니다. 그것을 그대로 자신에게 해 주세요. 그래야 아이들에게도 똑같이 해 줄 수 있습니다.

어떤 훈련이든 성공하려면 세 가지를 기억해야 합니다.

첫째, 실패와 실수를 용납한다.

둘째, 시간이 필요하다.

셋째, 될 때까지 한다.

기억하세요. 여러분은 지금 처음보다 잘하고 있습니다. 아직 연습이 더 필요할 뿐입니다.”

집단적 자책과 후회, 죄책감. 위기의 상황이 엄마들을 겸손하게 했다. “그까짓 것 못하랴.”라고 생각했던 자의식이 실수와 실패 속에서 낮아졌다. 현실을 솔직하게 인정하기 시작했다.

“좋은 엄마가 되고 싶어. 정서적으로 건강하고 우아한 엄마로 내 아이가 정서적으로 건강한 아이로 자랄 수 있게 돕고 싶어. 하지만 내 맘같이 안되는구나. 그래, 그럴 수 있어. 다시 해 보자.”

현실을 있는 그대로 인정하는 엄마들이 서로에게 위로와 격려의 메시지를 보냈다. 서로의 위로와 격려에 다시 힘을 내기 시작한 엄마들은 예전 같은 죄책감의 동굴로 들어가지 않았다. 더이상 그 어둠의 세계로 빠져들지 않았다.

혼자였다면 벌써 그만두었을 텐데 이번엔 다르다. 같은 어려움을 겪는 엄마들이 하나가 되었다. ‘정서적으로 건강한 엄마 챌린지’가 새로운 힘을 얻었다. 한 달 동안 챌린지를 통해 훈련을 지속하면서 성찰, 서로를 향한 위로와 격려가 열매 맺기 시작했다.

그날을 기점으로 서서히 평균 점수는 상승 곡선을 이어 갔다. 부침이 있기는 했지만, 경청과 아이-메시지 점수가 꾸준히 올라가면서 챌린지를 마칠 때는 만족할 만한 수준에 도달했다.

정서적으로 건강한 엄마로 거듭나다

엄마들의 얼굴에 여유와 웃음이 퍼졌고 아이들도 정서적으로 안정되기 시작했다. 심지어 아이가 엄마의 경청 방식과 아이-메시지를 따라 했고 그렇게 소리쳐도 하지 않던 것들을 스스로 했다. 이 놀라운 일이 엄마들의 눈앞에서 벌어지다니…. '정서적으로 건강한 엄마 챌린지'를 통해 엄마들과 아이들에게 긍정적인 변화가 나타났다. 항상 소리치며 화내던 엄마가 우아한 엄마로 변신한 이야기를 들어보자.

> "아이들 숙제에 대한 부담을 내려놓았어요. 숙제보다 아이의 상태나 마음에 더 우선순위를 두기로 했어요. 엄마인 내 상태도 봐 가면서…. 숙제나 공부는 좀 미숙하게 되었으나 엄

마가 "숙제를 반으로 잘라서 내일 하자."라고 하니 아이의 표정이 밝아졌어요. 아주 오래간만에 동화책을 3권 읽어 주며 웃었네요. 아이와의 관계에 힘이 더 생기는 것 같아요."

"우리 아이는 뭐 먹다가 손에 묻으면 아무 데나 닦아 버려요. 오늘도 어김없이 손에 뭐가 묻으니 식탁 의자 쿠션에 쓱쓱 닦더라고요. 본능적으로 "너 왜 손을?" 이렇게 절규하며 째려보려다 마음을 다잡고 "손을 쿠션 위에 닦으면 세탁을 해야 해. 그러면 엄마 일이 많아져서 힘들어."라고 아이-메시지를 했더니 "응, 엄마가 나랑 놀아 주기도 해야 하니까."라고 하면서 바로 수긍하며 태도를 바꾸더라고요. 식사 끝날 때까지 손에 뭐가 묻으면 티슈로 닦는 기적이! 아이-메시지 효과 있네요. 엄마만 잘하면 되겠어요."

"진짜 많은 육아 비법을 배워도 한 개를 꾸준한 실천하는 것이 얼마나 탁월한지를 알게 되네요. 그리고 늘 엄마들의 글을 읽으며 격하게 위로받아요. 혼자 가면 빨리 가지만 함께하면 멀리 갈 수 있다는데 모두 힘내요."

"'잦은 샤우팅에 동네 부끄러웠던 어두운 과거' 이렇게 쓴 엄마의 말에 깊은 위로를 얻어요. 저만 그런 게 아니었네요. 우리도 우아한 엄마가 될 수 있겠죠? 엄마들 모두 화이팅!"

"우리 모두 경청해 주는 엄마로서 성장할 수 있도록, 아이들과 친밀함이 부쩍 자라도록 그래서 아이들의 인생에 멘토 코치로 부족함이 없는 엄마가 될 수 있도록 도와주시기를 기도했습니다. 내 힘으로는 역부족이라는 걸 절실히 느끼고 인정하니, 자동으로 더욱 하나님께 의지하게 되네요."

""엄마는 우리 아들이 양치를 하지 않아서 이가 썩게 될까 봐, 엄청 아프고 힘들어질까 봐 너무 걱정이 된다. 엄마는 우리 아들을 너무 사랑하는데, 엄마가 사랑하는 아들이 충치 때문에 아프고 힘들어지는 게 싫어. 그래서 엄마는 아들이 열심히 양치를 해 주면 좋겠어."라고 아이-메시지를 사용했는데. 신기하게 별다른 반항 없이 웃으면서 양치하네요. 이건 뭔가요?"

"정서적으로 건강한 엄마 챌린지를 하면서 새삼 깨닫는 게 있었어요. 동생하고는 적극적 경청이 잘 되고 있으나, 형하고는 정말 일방적인 대화가 대부분이라는 걸 발견했어요. 감정 표현이 풍부한 둘째에게는 엄마인 나도 풍부한 감정으로 대응해 주고, 유난히 까칠한 첫째에게는 감정 표현을 풍부하게 해주기 힘들고, 적극적 경청 들어가기도 전에 이미 소극적 경청조차 하지 않으려고 할 때가 많다는 것을 알게 되었어요."

"늘 배우기만 하고 실천은 못 한 채 자책감만 무겁게 쌓고 살았던 것 같은데, 내일은 또 어떤 수수께끼를 어떻게 풀어 가게 될까 기대가 되네요. 한 가지만이라도 꾸준히 실천하는 게 중요함을 느끼네요."

"둘째가 첫째에게 "오빠가 확 뺏으니까 내가 속상하잖아. 친절히 말로 하면 내가 줬지."이라며 엄마의 어색한 아이-메시지를 따라 하는 것을 듣고 한참 웃었어요."

""'이제 숙제할 시간이야.' 할 때 협박하지 않고, 아이의 의견을 묻고 5분이라도 기회를 더 주니 그다음에 순순히 하는 아이를 발견하고 놀라게 되네요."

"확실히 '정건맘 챌린지' 훈련으로 변화가 있는 것 같아요. 예전에 비해 욱하는 일이 눈에 띄게 줄었어요. 특히 아이의 이야기에 경청하며 마음을 나누는 일이 부쩍 자연스럽고 잘되는 걸 느껴요. 사소한 약속들을 지키기 위해 메모해 놓았던 대로 비타민, 팝콘, 성경 이야기 모두 잘 지켜서 기뻐했고요. 일찍 자는 편이라 잠자는 시간을 맞추기 위해 늘 재촉하는 일이 많았는데, 조금씩 기다려 주며 하니 30분 늦게 잤지만 오히려 기분 좋게 마무리할 수 있었어요."

버럭하고 화내는 엄마에서 벗어났다. 한 달 동안의 훈련을 통해 정서적으로 건강한 엄마로 변신했다. 아이들의 정서적 변화와 행동의 변화까지 일어났다. 정서적으로 건강한 엄마로 사는 삶은 이제 꿈이 아닌 현실이다.

정서적으로 건강한 엄마로 살기

한 달 동안 진행된 '정서적으로 건강한 엄마 챌린지'를 돌아보았다. 놀라운 긍정적인 변화가 일어났다. 엄마와 아이 사이에 서로 마음을 알아주고 서로를 위한 배려의 행동들이 나타났다. 엄마와 아이 사이에 웃는 시간이 많아지고 아이에게 엄마의 사랑이 흘러가 사랑의 끈이 더 든든하게 연결되었다.

엄마들이 후회와 자책, 죄책감, 우울의 사이클에서 벗어난 점도 눈에 띄게 달라진 점이다. 물론 여전히 감정이 폭발하는 상황을 직면하는 것도 사실이지만 예전과 같은 반복적인 악순환의 사이클에서 벗어났다. 몸으로 익히는 훈련을 통해 변화의 가능성을 확인했다.

성공의 요인은 '함께 꾸준히 실천하는 엄마들'이다. 혼자서는 불가능했지만 매일 엄마들이 함께했기 때문에 가능했다. 함께 훈련한다는 마음이 이렇게 서로를 붙들어 주고 격려와 위로가 될 줄이야! 꾸준히 자신을 돌아보는 엄마들의 성찰과 반복적인 훈련이 자녀 양육에 있어 얼마나 중요한지를 알게 되었다.

'정서적으로 건강한 엄마 챌린지'를 진행하면서 얻은 중요한 시사점을 네 가지로 정리해 보겠다.

우선, 엄마의 컨디션이 중요하다. 참여한 엄마들 모두가 체력, 기분, 마음의 여유가 자녀 양육에 얼마나 큰 영향을 미치는지 분명하게 경험했다. 엄마 손이 많이 필요한 시기에 아이들을 돌보면서 체력이 부족하고 마음의 여유가 없을 때 엄마는 자신도 모르게 버럭한다. 특히 엄마들이 욱하는 시간대가 동일했다. 오후 4-6시 또는 저녁 8-10시 당 떨어지는 시간, 체력이 방전되는 시간, 마음의 여유가 없는 시간에 확실하게 버럭했다. 아이의 집중도와 성숙도가 엄마의 정신적, 감정적, 육체적 상태와 연결되어 화내는 조건을 형성한다는 사실도 알게 되었다.

두 번째, 엄마들은 아이의 미숙함과 반항을 구분하지 못하는 경우가 많았다. 어른의 눈으로 볼 때 아이가 제멋대로 행동하거나 반항하거나 불순종하는 거라고 생각한다. 하지만 대부분 경우 아이의 미숙함으로 보는 것이 맞다. 미숙하면 기다려 줄 수 있다. 반항이라고 생각하니까 욱하고 소리를 치게 된다. 아직 아이의 수준이 미숙한 것을 이해한다면 엄마들의 버럭 횟수가 줄어든다. 미숙한 아이는 기다려 주거나 가르칠 수 있다. 심지어 엄마 자신도 여전히 미숙한 상태라는 것을 이해하고 인정할 때 버럭 횟수가 확실히 줄어든다.

세 번째, 상황에 맞게 아이를 다룰 수 있는 양육 스킬이 엄마에게 필요하다. 모든 상황에서 엄마가 조용히 아이에게 공감해 주고 경청할 수는 없다. 조급한 상황에서 꾸물거리는 아이, 하기 싫어서 요리조리 피하려는 아이에게는 큰소리를 내서라도 밀어붙여야 할 때도 있다. 밀어붙여야 하는 상황과 아이의 감정을 수용하고 받아 주어야 하는 상황을 잘 분별해서 처리할 수 있는 스킬을 충분히 익히는 것이 엄마와 아이 모두에게 도움이 된다.

마지막으로 엄마들은 아이의 성공과 실패를 자신의 성공과 실패로 동일시하는 모습을 보였다. 엄마는 아이가 실패할 것 같을 때 자신이 실패하는 것 같고, 아이가 성공한 것이 마치 자신이 성공한 것과 같다고 여긴다. 무의식적으로 엄마 자신과 아이를 동일시할 때, 특정한 상황에서 엄마의 잠재의식 안에 있는 과거의 기억이 작동한다. 이때 자신도 모르게 아이를 몰아붙이는 엄마가 된다.

'정서적으로 건강한 엄마 챌린지'를 마치면서, 이런 생각을 해 보았다.

"대한민국 엄마들이 모두 정서적으로 건강한 엄마들이 된다면 과연 어떤 일이 벌어질까?"

여유 있게 웃고 있는 엄마, 정서적으로 건강한 아이, 평안하고 행복한 가족. 정서적으로 건강한 엄마가 단단히 중심을 잡는 가정의 안정적이고 행복한 모습이 마음에 그려졌다.

'어떻게 하면 더 많은 엄마들이 버럭버럭 화내는 것에서 벗어나고 정서적으로 건강한 엄마로의 삶을 지속할 수 있을까?'

이제 15명의 엄마들이 아닌, 대한민국 엄마들을 헐크맘에서 구출할 방법을 고민한다. 아직 갈 길이 멀다.

생각하고 적용하기

1. 정서적으로 건강한 엄마로 살기 위해서 지금 시도해 볼 수 있는 것은 무엇이 있을까요?

2. 아이의 마음을 받아 주고 행동을 고쳐 주기 위해서 주로 사용하는 자녀 양육 스킬은 무엇인가요?

Chapter 5
정서적으로 건강한
엄마로 사는 법

잠시 멈춰 보세요

다 놓고 떠나고 싶다. 사라지고 싶다. 하루, 아니 몇 달 동안 나를 찾지 않는 곳으로 숨고 싶다. 노을을 바라보고 차를 마시며 편안히 생각에 잠기고 싶다. 바람결을 느끼며 숲속을 거니는 여유로움 속에 있고 싶다. 아무도 나를 모르는 곳에서 그냥 모든 것을 여행자처럼 그저 지켜보고 싶다. 그러나 현실은 껌딱지처럼 붙어 있는 아이들, 남편, 챙겨야 할 사람들과 일들이 널부러져 있다. 엄마는 도망가고 숨고 싶은 게 아니다. 사실은 안식(安息)하고 싶은 것이다.

히브리어로 '안식'에는 '멈추다'는 의미가 있다. 일단 멈추고 쉬며 돌아보는 것이다. 온갖 걱정과 고통 속에 멈추지 못하는 이들에게 예수는 "수고하고 무거운 짐 진 자들아 다 내게로 오라 내가 너희를 쉬게 하리라."고 했다. 즉 안식(安息)하게 한다는 말이다.

지금까지 환경에 자동 반응하며 살았다. 마치 자동으로 작동하는 기계처럼 멈추지 못하고 살아왔다. 엄마의 삶은 쉴 없이 여유 없이 달려온 삶이다. 그래서 화를 조절하지 못하는지도 모르겠다.

인디언 속담에 "말을 너무 빨리 달리면 영혼이 미처 따라오지 못한다."라는 말이 있다. 잠시 멈추는 것조차 잊고 살았다. 빠르게 돌아가는 삶이 일상이 되어, 멈춰서 쉬는 것이 뒤처지는 것 같이 느껴졌다. 멈추고 안식하려 해도 현실은 녹록지 않았다. '멈추어 쉰다고 뭐가 달라질까?' 이런 현실적인 생각과 변화에 대한 내면의 저항도 머리를 내민다. 쉬겠다고 여행 가서 아이와 남편을 챙기다 오히려 녹초가 되어 돌아온 적이 몇 번이었던가.

어디로 가야 할지 어떻게 쉬어야 할지도 사실 모르겠다. 항상 똑같은 다람쥐 쳇바퀴 같은 인생을 살았는데 거기서 벗어날 수 있을까? 어디 멀리 떠난다고 해결될 게 아니라는 걸 스스로 너무나 잘 알고 있다.

차분히 혼자 있는 시간을 가져보자. 스톱워치를 눌러 놓고 혼자서 5분만 눈을 감고 그저 가만히 있어 보자. 자연스럽게 숨을 코로 들여 마시고 입으로 후하고 내뱉는 과정에만 집중해 보자. 5초 정도 코로 들이쉬고 5초 정도 입으로 내뱉으면서 5분간 호흡에만 집중한다.

잡생각이 하늘의 별처럼 쏟아질 것이다. '시간이 얼마나 지났을까?' 겨우 1분도 지나지 않았다. 무슨 명상을 한다는 생각으로 시작하려면 복잡하다. 단순하게 해 본다. 그저 멍하니 있어도 좋다. 기도해도 좋다. 중요한 것은 혼자서 5분이라도 그저 멈춰 보는 것이다. 그저 안식하라. 그러다 보면 자연스럽게 나를 돌아보고 관찰하게 될 것이다. 사람은 그래야 산다. 이것이 정서적으로 건강한 엄마가 되는 첫걸음이다.

인생의 두 번째 산에 오른다는 것

인생은 두 개의 산을 오르는 일과 같다.

_데이비드 브룩스, 《두 번째 산》(부키)

재능 연마하기, 대학에 들어가기, 부모에게 독립하기, 취직하기, 커리어 쌓기, 집 장만하기, 성공, 명예, 인정, 돈, 자기계발 등으로 다른 사람보다 앞서고 그것을 통해 스스로를 증명하기, 세상에 나의 존재 가치를 남기기 등. <뉴욕타임스> 칼럼니스트 데이비스 브룩스는 인생에서 어떤 특정한 일을 해내려는 것을 첫 번째 산에 오르는 일이라고 한다. 다들 인생의 첫 번째 산을 오르며 무엇인가를 성취하려고 애쓰며 살아왔다.

첫 번째 산에 오르면서 사람마다 어떤 고통스러운 사건을 경험한다. 처음에는 그 사건을 통해 인생이 자신에게 무엇을 말하고 있는지 몰라 힘들어한다. 고통의 골짜기에서 방향을 잃고 헤맨다. 누군가는 이것을 '영혼의 어두운 밤'이라고 했다. 인생의 여정 중에 커다란 장벽에 부딪쳐 굴러떨어지고 이해할 수 없는 상황을 경험하는 것을 말한다.

진정한 나로 사는 것이 무엇인지 모른 채 남들이 말하는 자신을 진짜 모습이라 착각하며 첫 번째 산에 올랐을 것이다. 지금까지 자신의 인생이 아닌, 다른 사람들이 세운 기준에 따라 산 셈이다. 결국 진정한 인생의 의미, 행복, 내적 자유, 정서적 안정, 가치 등 중요한 것을 놓치고 살았다는 사실을 깨닫는다. 자신이 누구인지, 진정으로 원하는 것이 무엇인지 모르고, 세상에서 중요하게 여기는 뭔가를 애써 성취하려고만 했다는 것을 알게 된다.

이런 깨달음이 첫 번째 산에 오르다 굴러떨어진 사람이 고통의 골짜기에서 얻는 유익이다. 고통의 골짜기에서의 모든 고난과 경험은 사실 삶에 주어진 선물이다. 절대 쓸모없는 헛고생이 아니다. 이 사실을 담담히 받아들일 때 삶의 변화가 일어난다.

고통의 골짜기는 낡은 나를 버리고 새로운 나를 만나는 곳이다. 데이비드 브룩스는 현재 겪는 고난과 고통이 진정한 자신을 발견하고 성장하는 계기가 된다고 말한다. 그러나 그것은 고통의 골짜기에서 인생이 자기 자신에게 무엇을 말하는지를 똑바로 들으려는 사람들에게나 통하는 소리다. 뭐가 뭔지도 모르는 사람에게 도대체 내면에서 무슨 소리가 들리겠는가?

고통 속에서 진정한 나를 찾으려 할 때, 인생에 묻고 들으려 할 때, 놓치고 있던 내면의 소리를 들을 수 있다. 그 내면의 소리를 들어야 비로소 성공이 아닌 성장을, 물질적 행복이 아닌 진정한 나로서 사는 기쁨과 깨달음을 얻는다.

고통의 골짜기를 경험한 사람만이 두 번째 산에 오를 수 있다. 두 번째 산에서는 진정한 자신의 인생을 산다. 세상이 중요하게 여기는 것을 성취하는 것보다 어떤 목적과 의미로 사는지가 두 번째 산에서는 더 중요하다. 두 번째 산을 오르는 것은 의미, 목적, 사명, 헌신, 사랑을 선택하는 길이다. 고통의 골짜기에서 인생을 새롭게 바라보기 시작할 때 선택의 갈림길에 서게 된다. 예전과 같은 첫 번째 산을 오를지, 아니면 두 번째 산을 오를지를 선택하는 기로에 선다.

고통의 골짜기에 선 당신, 이제 어떤 길로 오르겠는가?

새로운 나를 발견하는 기회

영화 "쇼생크 탈출"의 주인공 앤디 듀프레인은 첫 번째 산에 오르다 고통의 골짜기로 떨어진 인물이다. 은행 부지점장으로 승승장구하던 앤디는 아내와 정부를 살해했다는 누명을 쓰고 종신형을 선고받고 쇼생크 교도소에 수감된다. 주인공 앤디는 참기 어려운 고통의 시간을 경험한다. "왜 나에게 이런 일이 일어난 거지?" 수없이 자신에게 물어봤다. 처음에는 현실을 부정하며 분노했다. 하지만 그는 현실을 있는 그대로 인정하고 받아들이며 초연해진다.

쇼생크는 진정한 나를 발견하는 시간이었다. 종신형으로 평생을 감옥에서 보내야 하는 앤디는 포기하지 않고 의미 있는 자신의 삶을 살기로 한다. 두 번째 산에 오르기로 결심한 것이다. 마침내

쇼생크를 탈출한다. 영화 속에서 주인공 앤디가 비를 맞으며 두 팔을 벌린 모습은 '인생의 감옥'에서 벗어나 새로운 나로 진정한 자유를 맛보는 것이 무엇인지를 느낄 수 있는 잊지 못할 명장면이다.

한국 여성들은 인생의 첫 번째 산을 오르다가 당혹스럽고 고통스럽고 혼란스러운 인생의 골짜기를 만난다. 엄마에게 육아는 바로 그런 고통의 골짜기이자, 쇼생크일 수 있다. 여자는 아이를 낳고 키우면서 그 인생의 쇼생크에서 비로소 자신을 발견한다.

지금까지 애써 성취하고 성공하기 위해 첫 번째 산을 오르려 했다. 아이를 낳고 나서는 생각지도 못한 무기력함과 극심한 고난을 겪었다. 매번 부족한 엄마라는 자책과 후회를 뒤집어썼다. 심지어 자녀에게 자신의 꿈과 정체성을 투사했다. 어쩌다 엄마가 되고 어쩌다 버럭하고 화내는 엄마가 되었다. 고통의 골짜기에서 나 자신을 돌아보며 억울하고 원통한 고통의 의미를 다시 한 번 곱씹어본다.

그러다 아이를 낳고 키우는 일은 고난이 아닌 진정한 축복과 기쁨이라는 것을 깨닫게 되었다. 아이를 키우면서 책임과 부담감이 전부인 줄 알았는데, 오히려 아이에게서 엄청난 사랑을 받고 있다는 것을 알게 되었다. 힘든 짐인 줄만 알았는데 아이는 생애 가장 큰 기쁨이었다. 내가 무가치한 줄만 알았는데 그 소중한 생명을 살리고 세우는 중요한 존재였다.

아이를 키우며 겪는 고난이 엄마가 된 여자를 두 번째 산으로 인도했다. 버럭버럭 화내는 무서운 엄마에서 벗어나는 것은 단순히 성숙하고 우아한 엄마가 되는 것 이상이다. 아이에게 부드럽게 대해 주고 화내지 않는 좋은 엄마로 사는 삶 그 이상이다.

남을 의식하며 다른 사람의 기준에 따라 살던 내가 아닌, 새로운 나로 살며 타인을 위해 사는 의미 있는 헌신의 삶을 사는 것이다. 자신을 위해 아이를 잘되게 키우는 삶이 아닌, 나다운 삶을 살면서 아이가 이 세상에서 올곧게 설 수 있도록 돕는 삶을 사는 것이다.

두 번째 산으로 가는 여정이 곧 버럭하고 화내는 엄마에서 탈출이다. 그 여정 속에서 더욱 깊어지고 넓어진 새로운 나를 발견한다. 예전의 나는 죽고, 새로운 내가 된다. 그 부활의 삶이 바로 진짜 엄마로, 진짜 나로 거듭난 삶이다.

인생의 골짜기를 지나 이제 두 번째 산에 오르는 모든 엄마들의 빛나는 여정을 응원한다.

아직 끝난 게 아니야

완벽하고 싶은, 완벽해야 하지만 그렇지 못해 늘 불안한 엄마들의 기준은 늘 100점 만점에 100점인데 자기 모습은 항상 부족해서 고민이다. 100점 만점이 아니면 다 쓸모없는 실패자라 느낀다. 엄마 자신에게만 이런 기준을 적용하는 걸까? 아니다. 아이에게도 그렇다. 자신이 세운 기준과 기대에 못 미칠 때 아이가 못마땅하다. 아이가 50점을 맞았다면, 모자란 50점만 크게 보일 뿐이다. 50점을 맞은 아이가 어찌 노력해서 80점이 되었다고 해도 여전히 기준 미달이다. 최선을 다해 30점이 오르고 성장한 부분은 보이질 않는다. 자기 수준에서, 자기 능력으로 아이가 최선을 다했다는 점은 깨닫지 못한다. 한도 끝도 없다. 왜 100점이 아니면 못마땅할까?

완벽주의는 늘 위험하다. 심리학자 데이비드 번스는 "당신이 완벽주의자라면 무엇을 하더라도 실패자가 될 것이다. 완벽주의란 이룰 수 없는 목표와 같다."고 말했다. 엄마의 깊은 내면에 완벽주의가 뿌리내리고 있다.

'내 부족하고 쓸모없는 인생은 끝났어. 이제 아이만이 내 인생의 모든 희망이야.'

엄마의 결핍되고 제한된 믿음이 작동한다. 그 결핍을 채우기 위해 자신도 모르게 완벽주의를 추구한다. 그런데 그 완벽주의를 내가 실행할 순 없다. 나 대신 아이가 완벽하게 해 주어야 한다. 이제 엄마는 자기 내면의 모순을 인식하고 거기에서 벗어날 때다. 엄마의 인생은 아직 끝난 게 아니다. 야구 경기든, 엄마의 인생이든 아직 끝날 때까지 끝난 게 아니다.

인간은 완전하지 않지만 완전함을 향해 나아가는 과정에 있는 존재다. 엄마와 아이 모두 '아직'이다. 아이와 함께 엄마 역시 '아직' 성장중이다.

'아, 아직 그 수준이 아닐 뿐이야. 아직 끝난 게 아니야. 지금 성장하고 있는 중이야.'

이런 성장 사고방식(Growth Mindset)이 조금 더 여지와 여유를 갖고 도전할 수 있도록 한다. '아직'이라는 한마디만 붙여도 아직 그 수준까지는 도달하지는 못했지만 머지않아 해낼 수 있다는 생각의 전환이 일어난다.

당신은 '아직' 더 자랄 수 있는 여지가 있다. '아직' 그때가 아닐 뿐이다. 이것이 엄마에게 여유와 힘을 불어넣는다. '아직'이라며 자신과 아이를 채찍질하며 몰아붙이라는 말이 아니다. '아직' 시간이 더 필요하다는 말이다.

아이들은 조금이라도 힘든 일을 만나면 쉽게 포기하려 한다. 재미있어하던 태권도도, 피아노도 오래 못하고 포기하려 한다. '아직' 잘하지 못하니까 금세 실망해서 포기하려고만 한다. 이때가 엄마의 '아직'이 힘을 발휘할 때다. 여전히 기다리고 아낌없이 아이를 격려해야 할 때다.

아이가 얼마나 성장했는지를 알려 주어라. 어렸을 때 찍어 둔 사진이나 동영상을 보여 주어라. 아이들의 생각이 짧아서 지금 당장 못한다고 포기하려고 한다. 하지만 그동안 어떻게 했고 예전에 비해 얼마나 성장했는지 알려 주면, 스스로 여전히 성장할 기회가 있다는 것을 깨닫게 된다.

엄마나 아이나 새롭게 시작할 수 있다. 아직 그 수준까지 도달하지 못했지만 머지않아 해낼 수 있다. 하루하루 조금씩 성장할 수 있는 기회가 주어졌음을 감사하자. 나에게는 평범해 보이는 오늘이 누군가에게는 간절히 바라던 내일이었다는 말도 있지 않은가? 이것이 정서적으로 건강한 엄마가 아이에게 해 주어야 할 중요한 역할이다.

버려야 할 3종 세트

전업 맘은 "하지 말았어야 했는데."라며 자책하고, 워킹맘은 "더 해 주어야 했는데."라며 자책한다. 이래도 저래도 결론은 자책이다. 엄마들은 이미 잘 알고 있다. 자신의 반복되는 분노와 자책이 아이를 키우는 데 전혀 도움이 되지 않는다는 걸 말이다. 어떻게 해야 좋은 엄마가 되는지도 명확히 안다. 그러니 뻔히 알면서 제대로 하지 못해서, 마음먹은 대로 되지 않아서 미칠 노릇이다.

자책에 중독되었다. 그래서 자책하며 또 자책하고 자책한다.

엄마들은 습관적으로 자책하면서 죄책감을 뒤집어쓴다. 모든 문제의 원인을 자신에게 돌린다. 자책이 엄마의 자존감 기둥을 뿌리 채 뒤흔든다. 특히 반복적인 자책은 그나마 남아 있던 엄마의 낮은 자존감을 갈아엎는다.

"나는 무가치하고 쓸모없는 존재야."

"좋은 엄마이어야 하는데 나는 나쁜 엄마야."

"나는 아이를 잘 키울 수 있는 능력이 없어."

부정적인 자아상으로 자신을 규정하는 엄마는 자신의 부정적 믿음을 따라 자기 모습을 만들어 낸다. 그 규정된 자아상으로 다른 사람과의 관계도 창조한다. 부정적인 자아로 자기도 모르게 자신의 세상을 만들어 간다. 자신 스스로가 규정한 부정적인 인생을 만들게 된다.

부정적인 자아상을 가진 엄마일수록 자존감이 낮아지니 다른 엄마들의 두드러지는 행동에 쉽게 자극받게 된다. 그 자극에 남들과 비교하고 충동적으로 행동할 가능성도 커진다. 그 과정에서 감정이 폭발하면 이제는 자책과 죄책감의 원인을 남편이나 다른 사람에게 돌리며 원망한다. 그러니 관계는 악화될 수밖에 없다. 이것이 더 큰 스트레스로 돌아온다. 부정적인 자아상이 자책과 원망으로 이어져 다른 사람과의 관계를 부정적으로 만드는 것이다.

이런 반복적인 상황이 과연 누구에게 도움이 될까? 엄마의 자책과 죄책감은 불안감을 증폭시킨다. 그리고 이 불안감이 다시 아이에게 투사되어 더 집착하게 되고 그 불안감이 고스란히 아이에게 전이된다.

엄마들이 자책과 원망과 투사, 이 부정적인 3종 세트에서 벗어날 길이 있다.

먼저 자신이 느끼는 죄책감이나 자책을 부인하거나 거부하려고 하지 않는다. 느껴지는 그대로 인정한다.

"아, 내가 이런 순간에 자책하고 죄책감을 느끼는구나."

자신을 한 발 떨어져 바라보자. 어쩌다 엄마가 되어 아이를 키우다 보니 아직 익숙하지 않을 뿐이다. 이미 스트레스를 받고 욱해서 폭발했는데 어떻게 하겠는가? 일단 인정하며 받아들이고 볼 일이다.

둘째, 스스로 자문해 보자.

"이 자책이 진실일까? 그리고 이 자책이 누구에게 도움이 될까?"

이런 질문은 자책과 죄책감이 만드는 악순환에서 자신을 발견하고 빠져나올 수 있는 길을 제시한다.

셋째, 가능한 빨리 자책 대신 아이에게 진심으로 용서를 구한다. 엄마도 사람이다. 욱해서 소리 지르고 화낼 수 있다.

"엄마가 또 화를 냈네. 미안해."

아이들은 고맙게도 매번 용서해 준다. 미숙하긴 하지만 아이들은 부모를 무조건 사랑해 준다. 아이들의 놀라운 반응을 경험해 보라. 아이들은 엄마가 진심으로 사과할 때, 마음으로 받아 준다. 엄마를 따뜻한 사랑으로 품어 준다.

넷째, 후회, 자책, 죄책감의 파도가 폭풍처럼 몰려올 때, 과감하게 마음의 리셋(RESET) 버튼을 누른다. 모든 걸 새로 시작하는 버튼이다. 실수했을 때는 리셋 버튼을 누르고 웃어라. 이것이 후회, 자책, 죄책감의 굴레에서 벗어나는 길이다.

"삐-. 당신은 리셋되었습니다."

자신에게 이렇게 말해 보라. 은근히 웃긴다. 웃으면서 다시 시작할 수 있다. 단, 혼자 있을 때 해야 한다.

다섯째, 초기화된 당신은 이제 차분히 앉아서 일어났던 일을 되짚어보고 다시 제대로 해 볼 시간을 갖는 것이다.

"처음 어느 지점에서 폭발했지?"

"그때 내 감정은 어땠지?"

"아이의 마음을 받아 주면서 바람직한 행동으로 이끌려면 어떻게 해야 하지?"

이렇게 질문하며 생각해 보는 것이다. 또 한 번에 잘되지 않았다고 자책하지 말자. '아직' 진행 중일 뿐이다.

포기하지 않고 다시 도전하는 것, 이것이야말로 엄마 자신에게 아이에게 진짜 유익한 일이다. 당신은 바로 이런 꺾이지 않는 마음을 아이에게 가르치고 싶었던 것이 아닌가? 자책, 원망, 투사의 부정적인 3종 세트는 쓰레기통에 버리자. 이제 정서적으로 건강한 엄마가 되는 길에 점점 더 가까워지고 있다.

내 배로 낳았지만 나와는 다른 인격체

엄마가 자신도 모르게 자신의 기대, 목표, 욕심, 만족, 기준을 충족시켜야 할 대상으로 아이를 바라볼 때 '엄마의 동일시'가 생긴다고 한다.

"어머니, 아이가 영재 같아요."

"그거 아세요? 지금 다른 아이들은 이거 다 하고 있어요."

'엄마의 동일시'는 이런 자극적인 말로 쉽게 촉발되어 수백만 원짜리 교구를 과감하게 구입하게 한다. 어느 가정이나 이런 일이 쉽게 일어난다. 아이가 만들어 내는 성과에 집착하면서 기분이 오르락내리락한다. 아이의 성공과 실패가 엄마의 성공과 실패가 된다. 아이 문제가 엄마 문제가 되고, 엄마 문제는 아이 문제가 된다. '엄마의 동일시'로 엄마는 아이에게 집착하고, 결국 자기 자신을 잃어버리는 원인이자 결과다.

엄마의 기대와 기준이 높을 때, 아이의 성적이 떨어졌을 때, 엄마가 내면의 결핍을 자신의 수고와 노력에 대한 인정으로 채우려 할 때, 엄마가 정신적, 감정적, 신체적 컨디션이 좋지 못할 때, 부담과 압박감을 느낄 때, 인격적인 존재(Being)인 아이는 엄마의 내면의 욕구를 대신 성취할 대상(Object)으로 변신하게 된다.

엄마 자신의 내면의 못마땅함이 아이에게 투사가 되는 것도 동일시 현상의 일부다. 아이가 미숙해서 제대로 처리하지 못하는 문제가 엄마 자신의 문제가 되어 어렸을 때 자신의 못난 모습이 아이에게 그대로 나타나는 것을 볼 때 속이 뒤집어진다. 나와 같은 삶을 살지 않도록 해야 한다는 강박이 자동으로 작동한다. 내 아이가 다른 아이보다 뒤처질 때 속이 끓어오른다.

이런 것들이 자신도 모르게 무의식적으로 작동한다. 무의식적으로 작동하는 '엄마의 동일시'를 멈추려면 어떻게 해야 할까? 아이는 나와는 다른 인격적 존재다. 내 배로 내가 낳은 아이지만 인격적으로는 이 아이가 '나'는 아니다.

화내는 엄마라고 해서 아이를 사랑하지 않는 것이 아니다. 그러나 사랑하는 방법이 문제다. 무의식이 자동으로 작동해서 아이와 나를 동일시하여 아이를 볼 때 나를 대신해 꿈을 성취할 대상으로 여겼다. 내가 이렇게 희생했으니 아이가 성공으로 보답해야 한다고 생각한다. 처음에는 자신도 모르게 나중에는 의도적으로 아이에게 대가를 바라게 된다. 하지만 이렇게 해서는 엄마의 진짜 사랑이 아이에게 흘러갈 수 없다. 희생에 대해 보상을 기대하는 마음을 내려놓아야 '엄마의 동일시'가 끊어질 수 있다.

아이에게 주는 것을 자신의 희생으로 여기지 않고 자신이 줄 수 있는 만큼만 줄 때, 엄마의 동일시가 끊어지고 비로소 사랑이 흘러간다. 엄마 스스로가 자신을 있는 그대로 보고 자신을 사랑할 때 아이가 사람으로 보인다.

마음을 내려놓을 때 생기는 일

큰아이가 초등학교 매 학기마다 학교에 가지 않겠다고 꽤나 떼를 썼다. 어느 학기엔 진짜로 가지 않겠다고 완강하게 버텼다. 아이의 뜻대로 일주일 정도 집에 있게 하기도 했고, 또 다른 학기에는 이주 정도 학교에 보내지 않았다. 아니 못 보냈다.

이런 일이 매 학기 반복될 때마다 어르기도 하고, 달래기도 하고, 혼내기도 했다. 할 수 있는 건 다했다. 아이가 학교에 가지 않겠다고 할 때마다 우리 부부는 스트레스를 받아 여러 번 다퉜다. 앞으로 학교에 보내지 말라고 소리를 지르고 화를 낸 적도 있었다. 아내는 임신했을 때 직장 일로 스트레스를 받은 것이 아이에게 영향을 준 것은 아닌지 괴로워했다.

'학교에서 너무 긴장하나?'

'친구와 문제가 있나?'

'선생님과 관계에 문제가 있나?'

우리는 아이를 이해하려고 무진장 노력했다. 선생님과도 이야기해 보았으나 별문제가 없었다. 그리고 아이는 막상 학교에 가면 잘 지냈다. 특별히 학교에 가지 않겠다고 버틸 이유를 찾지 못했다.

그런 아이가 아주 못마땅할 즈음에 제 할 일은 하지 않고 텔레비전을 보고 있는 아이를 보았다.

'얘는 도대체 앞으로 뭐가 될까?'

이런 생각이 들면서 답답함이 갑자기 몰려왔다. 텔레비전을 던지고 싶을 정도로 화가 났다. 사실 텔레비전을 들어 올렸다. 내던질 뻔했다. 광란의 감정을 주체할 수 없을 정도였다. 두 아들이 '아빠가 왜 이러지?' 하는 겁먹은 표정으로 멍하니 나를 바라보았다.

'내가 이런 사람이었나?'

괴로웠다. 착한 아이들에게 왜 그렇게 화를 냈을까? 찬찬히 내 마음을 양파 껍질 벗기듯 벗겨 보았다. 아이의 성공을 통해 아빠인 내가 인정받고 싶은 마음이 숨어 있었다. 아이와 나를 동일시하고 있었다. 나를 대신해서 잘해 주어야 할 아이, 그 아이가 아빠 뜻대로 하지 않겠다니 갑자기 두려워졌다. 아이가 학교에 다니지 않아서 잘못 크면 어떻게 하지? 부모로서의 실패도 걱정되었다.

현실을 있는 그대로 인정하고 아이에 대한 동일시를 내려놓았다. 아이를 통해 인정받고 싶은 마음, 부모로서 실패할까 봐 두려워하는 마음이 내 안에 있음을 담담히 받아들였다.

'우리 아들에게 주어진 자신만의 인생이 있다. 아이의 인생이 아빠인 내 뜻대로 펼쳐지지 않을 수 있다. 그래, 괜찮다. 우리 아들은 자신의 인생에서 자기 길을 갈 것이다. 실수할 수도 있고 실패할 수도 있다. 고통의 골짜기에 굴러떨어질 수도 있다. 있는 그대로 인정하고 옆에서 바라봐 주는 아빠가 되자. 아들이 세상의 파도를 헤치며 자신의 삶을 살아갈 수 있도록 변함없이 지지하고 기다려 주자.'

아이와의 동일시에서 벗어나 건강한 분리가 일어났다. 그러자 아이가 학교에 가지 않겠다고 고집을 부려도 아무렇지도 않게 됐다. 담담하게 대할 수 있었다. 아이의 마음을 더 받아 주고 평안한 마음으로 아이에게 어떤 문제가 있는지, 무엇을 도울 수 있는지를 생각하게 되었다.

학교에 가지 않겠다는 아이에게 부모가 민감하게 반응하지 않고 차분히 마음을 공감하고 기다려 주니 신기하게도 아이는 어떤 것이 힘들었는지 하나씩 이야기하기 시작했다. 워낙 자기 감정을 잘 표현하지 않던 아이라서 마음에 어떤 어려움이 있는지 스스로 말해 주기 전까지는 알기 어려웠다. 그런데 아이는 따뜻한 공감과 수용을 받으며 스스로 다시 힘을 내기 시작했다. 그렇게 힘든 성장의 시간을 보낸 후, 아이는 중학생이 되자 자기 일을 더욱 책임감 있게 하면서 성취를 해내기 시작했다. 지금도 신나게 자기의 삶을 만들어 가고 있다.

돌아보면 기대와 기준이 높은 부모가 민감하게 반응해서 아이가 더 민감하고 부정적으로 반응하도록 자극했던 것 같다.

사람이 작동하는 방식 이해하기

세상에 어떤 엄마도 자기 아이에게 버럭버럭 소리 지르고 싶지 않다. 끊임없이 자책하고 후회하며 기꺼이 괴로워할 엄마는 어디에도 없다. 그런데 도대체 어쩌다 이 지경이 되었을까? 자신도 모르게 몸이 그냥 반응하기 때문이다. 자극이 주어질 때 저절로 작동한다. 이게 욱해서 소리 지르는 엄마들의 특징이다.

컴퓨터처럼 사람에게도 작동방식이 있다. '사람이 작동하는 방식' 세 가지를 이해하면 아이를 향해 무섭게 변하는 자신을 극복할 수 있다. 자신에게 어떤 일이 벌어지는지 인식하고 적절하게 대처하여 건강하게 자신의 감정을 조절하면서 성숙하고 건강한 정서를 가진 사람으로 살 수 있다. 이제부터 버럭하고 화내는 엄마에서 벗어나기 위해 알아야 할 '사람이 작동하는 방식' 세 가지를 설명하겠다.

'사람이 작동하는 방식 1'은 무의식적인 자동 반응을 말한다. 사람이 하는 일의 약 95%가 무의식적인 자동 반응인데, 욱해서 소리 지르는 것은 바로 '사람이 작동하는 방식 1'로 일어난다. 사람은 자신만의 인식, 신념 체계, 정책에 따라 자동으로 정보를 선택하고 무의식적으로 반응하면서 결과를 만든다. 사람은 오감을 통해 정보를 받아들이고 인식한다. 세상, 상황, 사건, 환경을 경험하면서 우리에게 인식(Perception)이 생긴다. 예를 들어, 검은색 액체가 있으면 사람은 그 액체를 이렇게 인식한다.

"이것이 무엇일까? 나에게 안전한가?"

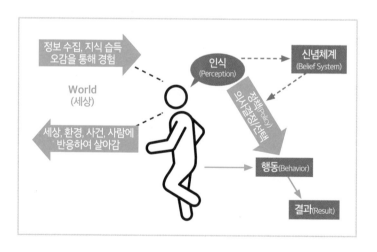

다른 사람이 마시는 것을 보기도 하고 직접 냄새를 맡거나 마시기도 한다.

"이 검은색 액체가 콜라구나. 이것은 먹어도 되겠구나."

오감을 사용해서 정보를 받아들이고 경험하면서 자연스럽게 검은색 액체는 콜라라는 인식을 갖는다. 그 인식은 뇌와 온몸의 세포 단위에 저장된다. 이 과정을 여러 번 확인하게 되면 '아, 이것은 마셔도 되는구나.'라는 신념(Belief), 즉 믿음을 갖는다. 새로운 인식이 생기고 그 인식들이 서로 연결되면서 신념 체계(Belief System)가 형성된다.

이런 신념 체계를 기반으로 어떤 것에 대한 나름대로 판단 기준, 즉 자신을 보호하기 위한 자신만의 정책(Policy)이 만들어진다. 사람의 신념 체계와 정책은 한 번 만들어지면 쉽게 바뀌지 않는다. 사람은 자신이 가진 신념 체계를 기반으로 자신만의 정책을 만들고 그 정책에 따라 의식적, 무의식적으로 결정하고 행동한다. 이것이 사람이 작동하는 첫 번째 방식이다.

사람이 작동하는 방식 2

'사람이 작동하는 방식 2'는 성찰과 피드백을 통해 새로운 인식을 습득하고 학습하며 성장하는 방식이다.

사람은 무의식적으로 촉발되는 자동 반응의 결과를 스스로 돌아볼 수 있는 능력이 있다. 그래서 자기 성찰이나 피드백을 통해 생긴 새로운 인식이 새로운 믿음과 정책을 만드는 데 기여한다. 이때 성찰과 피드백을 통해 새로운 인식이 얼마나 빠르게 일어나는지가 중요하다.

습관적으로 욱하고 화내는 현상을 겪는 엄마들에게 자기 인식과 성찰은 빠르게 일어나지 않는다. 자신을 인식하지 못한 채 부정적인 행동을 반복하고 자책하며 늪에 빠진다. 엄마들만 그런 것이 아니라 세상 사람들이 모두 그렇다.

새로운 인식이 생겨야 기존의 습관성 버럭에서 벗어날 수 있다. 어떻게 하면 새로운 인식을 만들 수 있을까? 일단 자책을 멈추는 것이 중요하다. 자책을 반복하면 새로운 뇌신경 회로를 만들기 어려워진다. 한 번 길이 나면 그 길로만 가려는 뇌신경 회로의 특성 때문이다. 새로운 뇌 신경 회로가 만들어지려면 '수많은 반복'

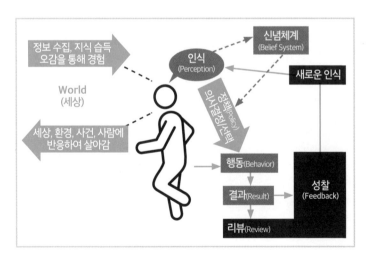

이나 '강한 자극'이 필요하다. 일반적으로 강한 충격과 심각한 사건을 통해 얻어지는 '강한 자극'은 일부러 만들기는 어렵다. 바람직한 방법은 일정 기간 꾸준한 반복을 통해 새로운 뇌신경 연결을 만들고 새로운 인식을 형성하는 것이다. 쉽게 말하자면 우리는 반복적인 훈련과 성찰이 필요하다.

'정서적으로 건강한 엄마 챌린지'에 동참한 엄마들처럼 소극적 경청, 적극적 경청, 아이-메시지, 세 가지 파워 스킬을 몸에 배도록 반복적인 훈련과 자신을 돌아보는 성찰을 해야 한다. 이것이 습관성 버럭에서 벗어날 수 있는 확실한 방법이다.

사람이 작동하는 방식 3

"금쪽같은 내 새끼" 같은 자녀 양육 프로그램에서 부모가 녹화된 자신과 아이의 모습을 지켜본다.

'아, 내 말과 행동에 아이가 저런 반응을 보이는구나. 아이의 반응에 나는 저렇게 대했구나.'

관찰이 새로운 인식과 변화의 계기를 만든다.

'사람이 작동하는 방식 3'은 나 자신이 관찰자가 되어 새로운 인식을 만든다. 마치 영화를 관람하는 관객처럼 어떤 자극에 의해 자신이 어떤 생각을 하고, 어떤 감정을 느끼고, 어떻게 행동해서 어떤 결과가 일어나는지를 관찰해 보라. 그때 사람은 새로운 인식을 얻는다. 관찰자로서 자신을 한 발 떨어져 지켜보면 자신이 무엇을 하고 있는지, 무엇을 해야 할지를 알아차릴 수 있다. 관찰자로 자신을 바라보는 것은 습관적으로 화내는 것에서 벗어나기 위한 필수 과정이다.

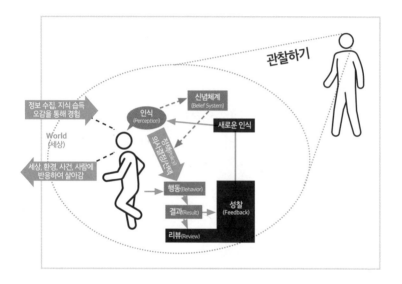

생각하고 적용하기

1. 정서적으로 건강한 엄마로 사는 자신의 모습을 상상해 보세요. 어떤 모습이 떠오르나요? 아이를 향해 어떤 표정을 짓고 있나요? 아이는 엄마에게 어떤 말을 하고 있나요?

2. 자신을 위해서 잠시 멈춰서 충전하는 시간을 언제 가져 보았나요? 잠시 멈춰서 쉬는 시간을 갖는다면 그때 무엇을 해 보고 싶은가요?

Chapter 6
엄마로부터
흘러가는 사랑

있는 그대로 나를 인정하기

사랑스러운 아이가 자라면 어떤 모습일까? 이 아이를 잘 키우고 싶다. 부모로서 책임감과 부담도 기꺼이 감당할 수 있고 좋은 부모가 되기 위해 최선을 다할 각오도 했다. 하지만 아이를 키우면서 어느 순간 나는 좋은 부모가 아니라는 생각이 들 때마다 자책하며 괴로워하기도 한다.

그런데 부모로서 잘하겠다는 마음, 잘못하고 있다는 자책, 우리 아이는 다르다는 기대와 소망, 아이에 대한 걱정과 근심을 내려놓고 있는 그대로의 나를 인정하는 것이 필요하다. 엄마이기 전에 자신을 한 사람으로, 있는 그대로 나 자신을 수용할 때 정서적으로 건강한 엄마로 사는 길이 열린다.

나 자신을 있는 그대로 수용하고 인정한다는 것은 무슨 뜻일까? 지금 당신의 손을 바라보라. 무엇이 보이는가? 손바닥이 보이는가? 손등이 보이는가? 있는 그대로의 나 자신을 수용하고 인정한다는 것은 손바닥과 손등을 모두 있는 그대로 보는 것이다. 한쪽만 보고 손이라고 하지 않는다. 손등의 주름과 상처, 손바닥의 손금과 두툼한 살까지 있는 그대로 보는 것이다.

잘하고 싶은 마음, 잘하지 못해서 안타깝고 미안한 마음, 아이에 대한 특별한 기대감과 소망뿐 아니라 엄마로서 무거운 책임과 부담감, 부족함과 연약함, 과거의 부모로 받은 상처 등 엄마로서 가진 복잡한 감정과 상황을 있는 그대로 인정하고 긍정이나 부정, 한쪽만 보지 않는다. 있는 그대로 '나에게 이런 면이 있구나. 내가 이렇구나.' 하는 마음으로 자기 모습을 바라보자.

엄마 스스로 자신을 있는 그대로 인정하고 받아들일 때, 아이를 존재 그 자체로 있는 그대로의 모습으로 받아들일 수 있는 마음의 여유가 생긴다. 있는 그대로의 나 자신을 인정하고 수용하는 것이 자기 사랑의 출발이자 아이 사랑의 출발이다.

그런데 있는 그대로 나 자신을 인정하는 게 익숙하지 않을 수 있다. 그렇다면 아이는 엄마인 나를 어떻게 바라볼지 한번 생각해 보자. 아이들은 아무런 조건 없이 엄마를 있는 그대로의 존재로 바라보고 받아 준다. 작은 일에도 화를 참지 못하는 연약한 엄마라도 조건 없이 좋아해 주고, 웃어 주고, 기다려 준다. 세상에서 나를 엄마라고 부르는 내 아이 말고, 나를 바라보면서 아무런 조건 없이 웃어 줄 수 있는 사람이 누가 또 있겠는가?

부모는 처음에는 아이들을 위해 시간을 내서 아이들과 놀아 준다고 생각한다. 하지만 관점을 바꿔서 아이의 눈으로 바라보면 전혀 상황이 달라진다. 아이가 엄마를 위해, 아빠를 위해 최선을 다해 놀아 준다. 자기 놀이에 엄마와 아빠를 함께 놀자고 끼워 주는 것이다. 엄마 아빠를 있는 그대로 무조건 좋아하기 때문이다.

어떤 기준이나 조건을 따지지 않는다. 부모를 있는 그대로 받아 주는 존재가 아이들이다. 그래서 아이들은 엄마가 실수해도 받아 준다. 아무렇지도 않은 듯 너그럽게 엄마를 꼭 껴안아 준다. 이런 아이들의 눈으로 자신을 본다면 있는 그대로의 나 자신을 인정하고 수용할 수 있지 않을까?

아이가 태어나면서 엄마도 함께 태어난다. 갓난아이가 있듯이 갓난 엄마도 있다. 아이도 미숙하지만 엄마도 미숙하다. 잘하고 싶지만 실수하게 된다. 이런 것을 있는 그대로 인정하는 것이 겸손이다. 미숙한 아이가 성장하고 미숙한 엄마도 성장한다. 엄마가 성장하면서 아이도 성장한다.

미숙하지만 울고 웃으며 아이와 함께 성장하는 이 모든 순간은 다시 돌아오지 않는 소중한 축복의 시간이다. 그 시간을 누리자. 있는 그대로.

자기 사랑

욱해서 화내고 힘들어하는 엄마들에게 "아이를 사랑하기 위해서 먼저 자신을 사랑하세요."라고 반복해서 말한다. 하지만 엄마들은 이 말이 무슨 말인지 이해하기 어려운 표정을 짓는다. 대부분 자신을 사랑하는 것이 무엇인지를 이해하지 못한다.

자신을 사랑해 본 적이 있는가? 많은 사람들이 자신을 채찍질하고, 자기를 자책하고, 비난하고 몰아치는 데는 선수다. 하지만 자기를 사랑해 본 적이 없다. 자신을 사랑하기 위해서 무엇을 어떻게 해야 할지 모른다. 슬프지만 사실이다.

거울을 바라보라. 거기 누가 있는가? 당신을 닮은 사람이 당신을 바라보고 있다. 그 사람에게 한번 웃어 주어라. 그러면 기적 같은 일이 생긴다. 그 사람이 나를 따라 웃는다. 그 사람에게 윙크를 해 보아라. 그 사람이 나에게 윙크할 것이다. 지금까지 그 거울 속에 있는 그 사람에게 눈길 한번 제대로 주지 않았다. 웃지도 않고 쌀쌀맞게 굴었다. 당신이 바로 그 사람이라면 얼마나 서운하겠는 가? 그 사람을 사랑해 주어라.

못마땅하게 여기지 않는다

자기 사랑은 자신을 못마땅하게 여기지 않고 긍휼히 여기는 것이다. 사람은 무의식적으로 자기 자신을 못마땅하게 여긴다. 과거의 기억 때문에, 세상의 잣대나 기준에 모자란 것 같아서 못마땅해 한다. 다른 사람들의 기대, 자기 기대에 미치지 못해 못마땅하다.

자신을 못마땅하게 보기 시작하면 신기하게도 다른 사람도 못마땅하게 보인다. 반대로 다른 사람들이 못마땅하게 보인다면 무엇인가 스스로를 못마땅하게 여기고 있다는 신호인 셈이다. 아이를 못마땅하게 여기고 있다면 사실 엄마가 자신을 못마땅하게 여기고 있다는 신호로 알아차려야 한다. 자신을 사랑하고 있지 않다는 표시다.

자신을 못마땅하게 여길 때 사랑은 흘러가지 않는다. 자신을 못마땅하게 여기지 않고, 긍휼한 눈으로 있는 그대로 보는 사람은 다른 사람들도 그렇게 똑같은 눈으로 본다. 내 안에 사랑이 충만할 때 나를 있는 그대로 인정하고 못마땅하게 여기지 않을 때 사랑이 흘러간다.

대가를 바라지 않고 줄 수 있는 만큼 준다

사랑한다는 것은 대가를 바라지 않고 줄 수 있는 만큼 주는 것을 의미한다. 줄 수 있는 만큼 주어라. 내 한계치보다 더 애쓸 때 자신도 모르게 대가를 바라게 되어 상대가 뭔가를 자신에게 주어야 한다고 생각한다. 그리고 주지 않을 때 못마땅하게 여긴다.

우리는 대가를 바라지 않고 자기 자신에게 줄 수 있는 만큼 주자. 자신에게 웃어 주는 것, 자기를 위로하고 격려해 주는 것, 다시 해 보자고 용기를 주는 것, 자신에게 대가를 바라지 않고 줄 수 있는 만큼 내어 준다.

엄마가 자신을 사랑할 때

엄마의 자기 사랑은 자녀 양육에 있어 매우 중요하다. 나를 사랑하기에 자녀를 사랑할 수 있고, 자신을 있는 그대로 볼 수 있어야 자녀를 있는 그대로 바라볼 수 있다. 자신을 못마땅하게 여기지 않고 긍휼의 눈으로 바라보아야 자녀를 못마땅하게 여기지 않고 긍휼하게 볼 수 있다. 자신에게 대가를 바라지 않고 줄 수 있는 만큼 줄 수 있어야 아이에게 대가를 바라지 않고 줄 수 있다.

엄마들은 희생적인 육아로 자기 자신을 상실한 것 같다고 느낀다. 자신이 무가치하다고 느낀다. 육아 우울로 인해, 늘어나는

뱃살과 주름으로 인해, 별일 아닌 일을 하는 자신을 보며 자기 존중감이 낮아질 대로 낮아진다. 바로 이때가 자신을 사랑해 주어야 할 때다.

욱하고 화내는 엄마에서 탈출하는 것의 핵심은 단순한 감정 조절이 아닌 자기 사랑이다. 자기 사랑을 통해 사랑을 흘려보내는 것이다. 당신이 거울 앞에 섰을 때, 당신 앞에 있는 바로 그 사람, 그 사람을 듬뿍 사랑해 주어라. 웃어도 주고, "살기 힘들지." 하면서 마음도 토닥거려 주고, "잘했어, 잘하고 있어." 하며 인정과 격려도 해 주어라. 거울에 있는 바로 그 사람이 지금까지 제대로 인정받지 못하고, 사랑받지 못했다. 그 사람을 사랑해 줄 때 엄마인 나로부터 진짜 사랑이 흘러가기 시작한다. 생명이 흘러간다.

이제 자신을 위해 사세요

~~~~~~~~~~

"돼지 눈에는 돼지만 보이고, 부처 눈에는 부처만 보인다(豕眼
見惟豕 佛眼見佛矣)."는 말이 있다. 누군가를 돼지로 보면 내가 돼지
가 되고, 누군가를 부처로 보면 나도 부처가 된다는 말이다. 사람
은 다른 사람을 바라보는 관점에 따라 자신의 존재 방식이 결정된
다. 사람을 존재로 본다는 말은 자신의 주관적인 판단을 멈추고,
자신과 같은 존재로 보는 것을 말한다. 사람으로서 필요, 기대, 욕
구, 목표, 능력, 어려움, 연약함 등을 가진 존재로 있는 그대로 바라
본다. 때로는 실수하고, 실패할 수 있는 존재로 본다.

엄마가 아이를 사람이라는 존재(Being)로 있는 그대로 바라볼
때 아이도 엄마를 사람으로 보고 사람으로 대한다. 아이를 대상으

로 본다는 것은 엄마 자신의 개인적인 욕구를 충족시키거나 방해한다고 느끼는 대상 또는 사물로 여긴다는 의미다. 엄마가 아이를 존재가 아닌 대상(Object)으로 볼 때 아이도 엄마를 대상으로 보고 저항하며 반응한다.

엄마가 자신의 목표에 집중할 때, 아이를 대상으로 보기 쉽다. 엄마 자신도 모르게 자신의 목표에 아이를 끼워 맞추려 든다. 엄마가 자신의 목표에 매달릴 때 아이는 엄마의 목표에 부합하고 맞춰야 하는 대상이 된다. 아이의 삶이 아닌 엄마의 기대와 삶에 맞추어 행동해야 할 대상이다.

"내가 왜 이러는 줄 아니? 이게 다 너를 위해서 하는 거야."

엄마가 이런 말을 할 때 아이들은 엄마가 하는 말의 의미를 안다. 아이 자신을 위한 것이 아니라 바로 엄마를 위한 것이라는 것을. 그래서 지금까지 자식 된 도리로 묵묵히 엄마의 말을 따르던 초등학교 4학년 아이가 침착하게 이렇게 말한다.

"엄마, 더이상 저를 위해 살지 마세요. 이제 엄마 자신을 위해서 사세요."

엄마인 내가 아이를 진심으로 사람으로 대하고 위하고 싶다면 스스로 이렇게 질문해 보라.

"나는 이 아이를 어떻게 도울 수 있을까?"

엄마가 이렇게 질문할 때가 아이를 사람으로 보고 대하는 때다. 이때 자연스럽게 아이에게 필요한 사랑의 언어와 행동이 나타난다. 사람이라는 존재가 사람이라는 존재를 있는 그대로 보고 수용할 때, 사랑은 강물처럼 흘러간다.

엄마는 본능적으로 아이를 사랑한다. 존재로 바라보고 사랑을 흘려보낸다. 하지만 엄마가 항상 아이들을 존재로 바라볼 수는 없다. 자신도 모르게 아이들을 존재로 볼 때도 대상으로 볼 때도 있다. 엄마가 스스로 언제, 어떤 마음으로 아이를 보는지를 명확하게 안다면 언제 사랑이 막히는지 알 수 있다. 엄마들에게 언제 자녀를 존재로, 대상으로 보는지 물어보았다.

자녀를 존재로 바라볼 때	자녀를 대상으로 바라볼 때
아이에게 과제나 부모에게 목표가 없을 때	엄마가 목표와 기준, 기대, 욕심, 만족의 충족을 중요하게 여길 때
가족과 여가 시간을 여유롭게 보낼 때	엄마가 자신의 수고와 노력에 대한 인정을 받고자 할 때
엄마 마음이 평안하고 아이들의 사랑스러운 모습을 볼 때	엄마 마음이 불안하고 스트레스 상황에 있을 때
엄마의 몸 상태가 좋을 때	엄마의 몸 상태가 좋지 않을 때

자녀를 존재로 볼 때와 대상으로 볼 때가 명확하게 대칭으로 나타났고 아이들 반응도 완전히 달랐다. 엄마들에게 아이를 보는 마음에 따라 아이들이 어떻게 반응하는지를 관찰하도록 했다. 아

이들은 존재로 대하면 엄마를 존재로 보고 반응했고 대상으로 대하면 엄마를 대상으로 보고 저항했다. 그 반응은 엄마가 지금 아이를 어떻게 보고 있는지에 대한 분명한 신호였다. 그 신호에 따라 엄마는 자신의 상태를 인식하고 바꿀 수 있다. 아이들의 반응을 관찰한 뒤, 깨달음을 얻은 엄마들의 이야기를 들어보자.

"엄마가 어떻게 바라보는지를 아이가 먼저 알아요. 아이가 아무리 어려도 엄마가 아이를 대상으로 대하면 신기하게 아이도 같이 엄마를 대상으로 대하는 것을 경험했어요."

"엄마가 아이와의 관계에서 아이를 사람으로 대하면 아이도 엄마와 눈을 마주치며 사랑 가득한 순수한 존재가 되어 엄마를 대합니다. 반대로 아이를 대상으로 대하면 어느새 아이도 거울을 보는 것 같이 말과 행동이 변해요. 그때 화를 냈지만 아이도 이런 감정을 느낄 거라고 생각하니 미안한 마음이 들었어요. 미성숙하게 대했던 제 모습을 되돌아보고 반성하게 되네요."

"엄마인 내가 정해 놓은 기준에 맞춰 아이를 생각할 때 대상으로 본다는 것을 알게 되었어요. 아이가 부모 기준에 미치지 못한다고 생각할 때 아이와의 관계에서 다툼과 갈등이 일어나요. 의식적으로 마음먹고 하나님이 주신 선물이라고 생각하고 감사한 마음으로 대하면 신기하게 다툼이나 갈등 대신 사랑과 감사함으로 서로를 대하게 되네요."

"우리 아이를 다른 아이들과 비교하면서 내 잣대와 기준에 맞추어 보게 될 때 대상으로 보게 됩니다. 이럴 때는 아이와 엄마와의 관계는 멀어지게 되는 것 같아요. 어렵지만 아이를 사람으로 대하게 되면 서로 존중하는 마음이 생겨요."

"같은 상황이라도 엄마 상태에 따라 아이가 다르게 반응하네요. 대상으로 보거나 사람으로 보는 상황은 같은데, 엄마가 어떤 마음 상태를 갖는가에 따라 아이의 반응이 달라지는 것을 알게 되었어요."

아이가 감정이나 행동을 제어하지 못하고 무례하게 굴거나 신경질적으로 굴면서 말대꾸할 수 있다. 그리고 부모를 대상으로 대할 수 있다. 이때 정서적으로 건강한 엄마가 아이를 존재로 보면 문제가 일어나지 않는다. 아이가 엄마를 대상으로 보고 반응할 때 엄마도 아이를 대상으로 본다면 어느새 화를 참지 못하고 활화산처럼 폭발하는 엄마가 되고 만다.

엄마가 아이를 사랑하지 않는 것이 아니다. 자신도 모르게 분노가 폭발하는 상황이나 시점이 언제인지, 그런 상황과 시점이 어떻게 만들어지는지 제대로 인식하지도, 제어하지도 못하는 것이 문제다. 그런 상황과 시점을 제대로 인지하면 건강한 정서를 가진 우아한 엄마로 거듭날 수 있다.

정서적 사랑 탱크(Emotional Love Tank)가 채워졌나요?

아동 심리학자들은 정서가 안정된 아이로 자라려면 기본적인 정서적 욕구가 채워져야 한다고 말한다. 이런 정서적 욕구 중에서 아이들은 누군가와 연결되어 자신이 가치 있고 필요한 사람이라고 느끼게 해 주는 사랑보다 더 중요한 것은 없다. 이런 정서적 욕구가 채워지면서 '나는 사랑받을 만한 존재야.' '나는 괜찮은 사람이야.' '나는 잘할 수 있어.' 이런 자기 존중감의 기둥이 세워진다.

사람은 사랑을 주고받는다. 누군가 사랑을 흘려보내면 사람은 사랑받고 있다고 느낀다. 사람은 누구나 이런 정서적 사랑 탱크가 채워져야 한다. 정서적 사랑 탱크가 채워져야 정서적 안정감을 누린다.

"언제 엄마에게서 사랑을 느끼니?"

아이들에게 언제 사랑을 받는다고 느끼는지 물어보라. 아이들 대답을 통해 언제, 얼마나 정서적 사랑 탱크가 채워졌는지를 알 수 있다. 우리 집 첫째는 엄마가 무엇인가를 사 줄 때, 함께 재미있게 놀아 줄 때 사랑을 느낀다고 했다. 심지어 엄마에게 혼날 때도 사랑을 느낀다고 말했다. 둘째는 엄마가 맛있는 것을 사 줄 때, TV를 보여 줄 때, "사랑한다."고 자기에게 말해 줄 때 사랑을 느낀다고 했다.

아이들은 단순하게 사랑을 느낀다. 아이들은 공통적으로 엄마가 있는 그대로 존재로서 자신을 인정할 때, 못마땅하게 여기지 않을 때, 대가를 바라지 않고 줄 수 있는 것을 줄 때 사랑을 느낀다고 했다.

사랑의 5가지 언어

인정하는 말 / 함께하는 시간 / 선물 / 봉사 / 스킨십

무엇으로 사랑을 느끼나요?
아이의 정서적 사랑 탱크는 얼마나 채워졌나요?

《5가지 사랑의 언어》의 저자, 게리 채프먼은 부부가 다섯 가지 사랑의 언어로 정서적 사랑 탱크가 채워져야 한다고 말한다. 인정하는 말, 함께하는 시간, 선물, 봉사, 스킨십이 바로 사랑의 다섯 가지 언어다.

부부만 그렇겠는가? 아이도 마찬가지다. 있는 그대로 칭찬과 인정을 받을 때, 부모와 함께할 때 사랑을 느낀다. 아이들은 양육자에게서 본능적으로 사랑을 느끼지만, 먹을 것, 선물, 자신이 좋아하는 것 등 무엇인가를 받을 때 사랑을 느낀다. 엄마가 무엇인가 아이를 위해서 봉사를 제공할 때 사랑을 느끼기도 하고 스킨십을 통해서 사랑을 느끼기도 한다. 아이들의 정서적 사랑 탱크는 이렇게 채워진다.

엄마는 아이에게 사랑을 주고 있다고 생각한다. 하지만 아이는 전혀 사랑받지 못한다고 느낄 수 있다. 정서적으로 건강하지 못한 상태에서는 사랑이 흘러가지 못하고 오히려 사랑이 막힌다. 아이들이 사랑을 느끼는 때를 인식하고 아이와 엄마 모두 사랑이 흘러가는 상황을 많이 경험하는 것이 정서적으로 건강한 엄마가 되는 중요한 요소다.

아이도 엄마도 사랑이 필요한 존재다. 아이와 사랑을 주고받으며 엄마도 치유된다.

생각하고 적용하기

1. 거울 앞에 서서 거울에 있는 그 사람을 바라보세요. 어떤 생각이 드나요?

_____

_____

2. 그 사람에게 웃어 주며 "괜찮아, 잘하고 있어."라고 말해 주세요. 그리고 그렇게 말할 때 어떤 생각이 들었나요?

_____

_____

3. "언제 엄마에게서 사랑을 느끼니? 세 가지만 말해 줄래."

이렇게 아이에게 물어 보고 가만히 아이의 말을 들어보세요.

_____

_____

Chapter 7
감정의 주인으로
사는 법

감정 상자에 갇힌 사람들

우리는 날마다 상실감, 혼란, 좌절, 우울, 불안, 염려, 걱정, 짜증, 두려움, 분노 등 다양한 감정을 경험한다. 자신의 감정을 인식하지 못하고, 피해자처럼 감정에 사로잡혀 산다. 이것은 사건과 상황 속에서 감정의 폭탄이 터졌기 때문이다. 그 감정의 폭탄은 이미 내 안에 있었고 누군가, 무엇인가에 의해 감정의 폭탄에 불이 붙었을 뿐이다.

"그 사람이 나를 서운하게 했어요."

사실 그 사람이 나를 서운하게 한 것이 아니다. '서운함'은 이미 폭탄처럼 내 안에 있었고 단지 그 사람은 버튼을 눌렀을 뿐이다. 감정에 사로잡혀 자신도 모르게 감정 상자로 들어간다. 감정의 상자 안에 있을 때는 현실 상황을 제대로 인식할 수 없다. 감정의 렌즈를 통해 현실을 제대로 수용하지 못하고 왜곡해서 보기 때문에 올바르게 판단하기는 어렵다. 사람이 감정에 사로잡힐 때 사고와 판단을 담당하는 전두엽은 기능이 저하된다. 판단력이 떨어져 좋은 의사결정을 할 수 없다.

상황을 제대로 보지 못하고 감정의 상자에 갇혀 의사결정을 하면 어떤 일이 일어날까? 원치 않은 일들이 벌어져 결국 부정적인 감정과 상황을 만들게 된다. '감정 상자'에 겹겹이 둘러싸여 의지와 상관없이 상황과 환경이 만드는 자극에 자동 반응하게 되어 자신이 진정으로 원하는 삶에서 더 멀어질 수밖에 없다.

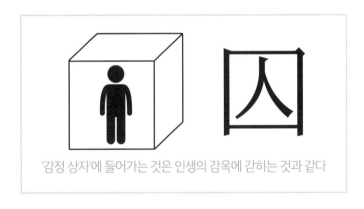

'감정 상자'에 들어가는 것은 인생의 감옥에 갇히는 것과 같다

한자에 "큰입구 몸"자로 부르는 에울 위(口)에 사람(人)이 들어가 있는 글자가 가둘 수(囚)다. 사방이 둘러싸인 제한된 공간에 사람(人)이 갇혀 통제받으며 사는 삶을 나타낸다. 감정 상자로 겹겹이 둘러싸일 때 사람은 인생의 감옥에 갇힌다.

엄마가 '감정 상자'에 갇혔다고 하자. 가정에서는 어떤 일이 일어날까? 아이나 남편이 하는 모든 것이 못마땅하게 보인다. 과거 기억에 사로잡혀 용서하지 못하거나 항상 자신의 기준에 못 미치는 아이를 못마땅하게 여기거나 아이가 자신의 기대에 닿지 않을까 항상 노심초사한다. 자신이 만든 못마땅함의 세상에 갇히는 꼴이다.

"누구보다 아이를 가장 사랑하고 싶다."
"아이를 격려해서 이 험한 세상을 당당하고 살 수 있도록 이끌어 주고 싶다."
이것이 엄마가 진정으로 원하는 모습이다. 그러나 엄마가 감정의 상자에 갇히면 엄마 마음과는 거리가 먼 현실이 창조된다. 감정에 사로잡혀서는 현실을 제대로 판단할 수 없고 올바른 선택을 할 수 없기 때문이다.

결국 자신이 원하는 모습에서 점점 더 멀어진다. 원하지 않는 일이 계속 일어나다 보니 감정 조절은 더 어려워지는 악순환에 빠져든다. '감정 상자' 안에 있으면 아무도 꺼내 줄 수 없다. 그 상자에서 나올 수 있는 유일한 열쇠는 바로 자신에게 있다. 자신이 '감정 상자' 안에 있다는 사실을 알아차리기만 하면 쉽게 나올 수 있다. '감정 상자'에서 나올 때 비로소 감정의 주인으로 살아갈 수 있다.

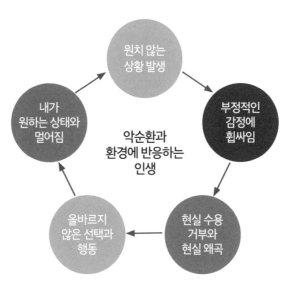

원치 않는
상황 발생

부정적인
감정에
휩싸임

내가
원하는 상태와
멀어짐

악순환과
환경에 반응하는
인생

현실 수용
거부와
현실 왜곡

올바르지
않은 선택과
행동

감정 상자에 갇힐 때 벌어지는 악순환

감정의 주인으로 사는 법

"지금 기분 어때?"

이렇게 자신에게 질문하는 것은 자신의 감정을 인식하는 출발점이다. 감정을 제대로 표현하거나 조절하지 못하는 사람들에게는 자신의 감정을 제대로 인식하지 못하는 문제가 자리 잡고 있다. 평소에 자신의 감정을 인식하지 못하다가 모든 감정을 쏟아낸 후에야 자신의 감정을 인지한다. 그것도 제어할 수 없을 정도로 폭포수같이 쏟아 내고선 '그러지 말았어야 했는데.' 하는 뒤늦게 후회와 함께.

우리는 왜 자신의 감정을 제대로 인식하지 못할까? 감정을 자신이 인식할 수 있는 대상(Object)으로 생각하지 못하기 때문이다. 지금까지 감정이 바로 '나' 자신이라고 믿고 살았다. 그러나 감정은 내가 아닌 느끼는 대상일 뿐이다. 즉 '나'라는 존재가 '감정'을 느낀다.

사람은 감정의 주인으로서 감정을 느끼는 존재다. 감정을 느끼는 존재이기에 누구나 충분히 감정을 조절할 수 있는 능력이 있다. 감정을 인식하고 조절하는 사람이 감정의 주인이다. 빨간 신호등이 있다. 빨간 신호등은 내가 아니다. 그 빨간 신호등을 보았을 때 불이 들어왔다면 멈추라는 신호다. 나는 그 신호를 보고 멈출 수 있다.

I am angry.

이 문장을 직역하면 '나는 화났다.'로 해석할 수 있다. 이때 I = angry 등식이 성립한다.

I feel angry.

'나'라는 존재가 '화'라는 감정을 느낀다. I ≠ angry. 나는 '화'가 아니다. 이 문장에서 나타난 것처럼 나는 화를 느끼는 존재인 것이다.

지금 감정의 주인으로서 내 안에 느껴지는 감정을 천천히 인식해 보자. 나는 지금 어떤 감정을 느끼고 있는가? 감정을 인식하고 느끼는 자신을 관찰해 보자. 배우의 감정 연기를 관객이 지켜보듯이 말이다.

'아, 지금 이런 느낌이 드는구나.' '아, 지금 내가 화를 내고 있구나.' '아, 지금 내가 우울하구나.' 이런 식으로 자신의 감정을 느끼고 인식한다. 먼저 인식하고 느낄 줄 알아야 감정을 조절할 수 있다. 기억하자. 당신은 감정 자체가 감정을 느끼고 조절할 수 있는 감정의 주인이다.

감정은 신호다

감정은 나와 내 주변 상황에 대해 정보를 제공하는 신호이자 에너지다. 이 사실을 알고 나면 감정을 인식하고 제어할 수 있게 된다. 지금까지 무의식적으로 감정을 '나'라고 생각했기 때문에 감정을 인식하지도 제어하지도 못했다.

감정이 '내'가 될 때는 감정을 신호로 받아들일 생각도 하지 못한다. 항상 감정은 '나'이기 때문에 괴로운 감정을 가질 때 그저 그 괴로움을 '나'로 받아들이고 살았다. 감정을 관찰하거나 조절할 수 있는 '대상'으로 생각할 엄두를 내질 못했다. 감정을 표출해야 할 때 건강하게 효과적으로 표현하는 방법을 알지 못했다. 항상 감정인 '나'를 누르고 감추려고만 했다. 그렇게 '나'를 억누르다가 결국은 '내'가 터졌다.

일단 감정이 신호라는 것을 알면 감정이 보내는 다양한 신호를 파악할 수 있다. 빨간 신호등을 보고 멈출 수 있는 것처럼, 감정 신호를 알면 감정을 인식하고 멈출 수 있다. 조절이 가능해진다. 감정은 에너지를 가지고 있다. 감정을 인식한다는 것은 그 에너지를 인식하는 것이다. 감정을 에너지로 이해하면 감정에 따라 강한 에너지도 있고 약하고 미묘한 에너지도 있다는 것을 인식할 수 있다. 또한 감정은 대부분 무의식적으로 일어난다. 이런 무의식적으로 일어나는 감정은 사람의 내면의 상태에 대한 중요한 정보를 제공한다. 감정이 일어났다는 것을 알아차리면 자기 내면에 대한 중요한 정보를 얻는 기회가 생긴다.

- 몸이 보내는 신호
- 자동으로 생기는 생각, 욕구, 신념이 보내는 신호
- 과거의 기억이 보내는 신호
- 상황과 환경이 보내는 신호
- 다른 사람이 보내는 신호
- 내 안에 있는 자아가 보내는 신호

감정이 주는 신호를 잘 파악하면 자신에 대해서 더 잘 알 수 있을 뿐만 아니라 감정을 조절하면서 내가 원하는 진정한 나로 살 가능성이 커진다. 감정은 다양한 정보를 제공하는 신호다. 과거의 기억이 불러온 신호일 수도 있고, 현재 당이 떨어졌다는 몸의 신호일 수도 있다. 욕구가 결핍되었다는 신호일 수 있고, 겪고 있는 사건과 상황에 대한 무의식의 반응일 수도 있다.

감정을 '나' 자체가 아닌 '신호'로 알면, 내 안에서 일어나는 감정을 인식하기가 훨씬 쉽다. 감정은 몸의 반응을 동반한다. 화가 났을 때를 생각해 보자. 화가 나기 전부터 몸에 신호가 나타난다. 심장이 빠르게 뛰고 목덜미가 뻣뻣해진다. 가슴이 답답하고 숨이 가빠지면서 귓불이 빨개진다.

갑자기 짜증이 나고 집중이 되지 않는다. 사소한 일에도 분노가 올라온다. 배가 고프고 집중력이 떨어지면서 나도 모르게 짜증이 올라왔다. 이런 감정 신호를 자세히 살펴보니 몸에서 지금 밥을 먹고 에너지를 보충하라는 신호였다. 불안과 두려움이 올라온다. 이 신호를 살펴보니 과거의 상황이 떠올랐다. 이것은 현재의 사건과 연결된 과거의 기억이 보내는 신호였다.

나는 자주 감정을 주체하지 못하고 폭발하곤 했다. 처음에는 왜 그런지 이유도 몰랐다. 감정을 나로 여기면서 감정인 나를 꾹꾹 눌렀다. 결국 감정인 내가 터져 버렸다. 이제는 감정이 보내는 신호를 읽고 내 감정을 알아차릴 수 있다. 감정이 일어날 때 감정 신호가 어떤 의미가 있는지 생각해 본다. 그 감정과 어떤 일이 연결되고 무엇이 일어났는지를 돌아본다.

'내 뜻대로 일이 진행되지 않아서 힘이 드는구나. 지금 내가 다른 사람들이 나를 지지하지 않고 도와주지 않는다고 생각하네. 내가 하는 일에 대해 인정과 지지를 받지 못할 때 분노가 올라오려고 하는구나. 그래, 이것은 내가 과거 기억과 연관된 감정 신호이구나.'

감정 신호를 파악하자 비슷한 상황이 일어날 때마다 나도 모르게 분노가 일어나고 폭발했다는 것을 알아차렸다. 과거의 기억과 연관된 상황이 벌어질 때마다 부정적인 감정 신호를 명확히 인식하면서 자연스럽게 제어할 수 있다.

처음부터 감정을 인식하고 조절하는 게 쉽지 않다. 감정 신호를 파악하는 데는 시간이 걸린다. 감정을 인식하려면 할수록 감정 신호를 점점 더 또렷하게 인식할 수 있게 된다. 연습과 훈련이 필요하다.

감정 신호가 말해 주는 인생의 비밀

감정이 일어나는 이유는 다양하다. 가까운 최근의 사건부터 어린 시절 원 가정에서 일어난 일까지. 자기 안에서 작동하는 부정적인 감정과 반응이 일어나는 원인은 여기저기 쌓여 있다. 차분히 자기만의 시간을 보내며 내면에서 보내는 감정 신호를 읽어 보자. 어떤 감정과 몸의 반응이 올라오는가? 그런 감정과 몸의 반응들은 어떤 신호를 보내고 있는가? 감정 신호가 전달하는 내면의 소리는 무엇을 말하고 있는가?

"엄마는 항상 내가 감정을 표현하려면 아무 말도 하지 못하게 했어요. 엄마 앞에서 친구 흉도 보고 싶고 엄마에게서 공감과 위로도 받고 싶었어요. 수용되지 않고 해소되지 않는 감정들을 속으로만 삭혔어요. 결국 전혀 상관도 없는 엉뚱한 상황에서 이유도 모르게 폭발했어요.

내 생각을 표현하고 싶은데 잘 안되고 답답한 상황이 되면 억눌린 감정이 터졌어요. 아이들에게 화를 내면서 아이들 때문이라기보다는 과거의 억눌린 감정이 터지는 것이라는 사실을 이제야 깨닫게 되었어요. 어린 시절의 억눌린 내 감정을 무의식적으로 아이들에게 전달하고 있다는 생각이 들었어요."

자신이 아이들에게 화내는 이유를 알게 된 한 엄마의 말이다. 자신의 감정 신호를 파악하면서 과거에 품었던 낡은 감정이 아이를 키우면서 무의식적으로 작동하고 폭발하고 있다는 것을 깨닫게 되었다.

"유난히 둘째 아이가 못마땅한 행동을 할 때마다 나도 모르게 화를 냈습니다. 처음에는 왜 그러는지도 몰랐어요. 분노의 감정이 나타날 때 신호로 인식하면서 그것이 어떤 이유로 벌어지는지 생각해 봤어요. 어렸을 때 부모님의 관심을 끌려고 청개구리같이 행동하던 제 모습이 떠올랐어요.

둘째 아이의 모습에서 어렸을 때 제 모습이 보였어요. 내 어린 시절 못난 모습을 둘째가 똑같이 하고 있더군요. 과거의

부끄럽고 못마땅한 내 모습으로 아이가 자라지 않았으면 좋
겠다는 생각에서 무의식적으로 폭발하는 것 같아요. 내 감정
신호를 인식하면서 아이를 더 이해하게 되었어요."

어렸을 때 부모에게 사랑받고 인정받고 싶은 욕구가 있었는
데, 제대로 수용 받지 못한 내면 아이가 청개구리처럼 굴었다. 내
면의 욕구와 과거의 기억이 보내는 감정 신호를 알면서 분노의 원
인을 찾았다. '화내는 엄마에서 탈출'할 수 있는 단서를 찾은 셈
이다.

둘째 아이에게서 과거의 못난 자기 모습을 보았다. 무의식적
으로 폭발하는 이유는 바로 거기에 있었다. 어린 시절 부모에게 사
랑받지 못했던 기억이 보내는 감정 신호를 지금까지 알지 못했던
것이다. 대신 애꿎은 아이만 잡았다.

감정 신호 중 많은 부분이 어렸을 때 가정에서 겪었던 일과 관
련되어 있다. 어린아이로 경험한 사건과 상황 속에서 미숙한 아이
가 느끼고 생각했던 감정이 무의식 속에 깊게 저장된다. 그 감정
과 생각의 기억이 인격화된 것을 소위 '내면 아이'라고 한다. 그 내
면 아이는 진짜 내가 아니다. 단지 미숙한 내 어렸을 때의 감정과
생각이 무의식 속에 저장되어 있을 뿐이다. 그 감정의 기억이 나
인 척하고 신호를 보내는 것이다.

그 인격화된 생각과 감정이 과거에서 지금까지 지속적으로 신호를 보낸다. 대부분 사람들이 그 신호를 무시하거나 무엇인지 모른 채 살아왔다. 자신이 경험하는 많은 문제에 대한 근본적인 원인이자 인생의 비밀을 담고 있는데 말이다. 자신에게 나타나는 신호로서 감정을 인식하고, 감정이 올라온 이유를 파악해 보자.

당신의 감정의 기준점은 몇 층인가요?

"지금 기분이 어때?"

스스로 이렇게 질문해 보자. 자신의 감정 상태를 명확하게 뚫어보는 습관이다. 감정의 기준점이 명확해야 부정적인 감정에 휩쓸리지 않고 감정의 주인으로 살아갈 수 있다. 감정의 기준점은 말 그대로 자신의 감정의 기준을 잡는 것이다. 감정 기준점이 있어야 지금 기분 상태가 어떤 상태인지 알 수 있고 조절할 수 있다.

How are you?
I'm fine. Thank you. And you?

한국 사람이라면 익숙한 영어 문장이다. 바로 이 I'm Fine 상태

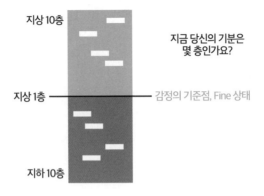

지상 10층

지금 당신의 기분은
몇 층인가요?

지상 1층 ━━━━━━━━━━━━━ 감정의 기준점, Fine 상태

지하 10층

가 감정의 기준점이다. 지상 10층, 지하 10층인 건물이 있다고 가정해 보자. 그 건물에서 감정의 기준점은 지상 1층이다. 이런 기준이 있다면 자신의 기분 상태가 지금 지상 1층인지, 지하 5층에 있는지를 가늠하기 쉬워진다. 물론 감정의 기준점을 알면 기분 전환에 대한 구체적인 방법도 쉽게 찾고 적용할 수 있다.

사람마다 감정의 기준점은 다를 수 있지만, 각자 자신의 감정의 기준점, 1층 상태인 Fine 상태를 정하기를 바란다.

나는 '에너지 레벨'과 '편안함'의 정도를 가지고 나만의 감정의 기준점을 잡았다. 에너지 레벨은 10점 만점에서 6-7점 정도로 아주 강한 상태는 아니지만 '뭔가 해 보자.'라는 의욕이 들 정도다. 정서적으로도 거부감이나 불쾌한 상태가 느껴지지 않는 편안하므로 감정의 기준점은 에너지가 느껴지고 부드럽게 하루를 시작할 수 있는 상태다.

대부분 사람들은 자신의 감정 기준점이 없거나 잘 모른다. 감정 조절을 잘하는 사람들은 자신의 감정의 기준점이 명확하고 자기 인식이 분명하다. 감정의 기준점 아래에 있을 때 어떻게 그 기준점 위로 올라갈지를 안다. 자신의 감정의 기준점을 알고 인식만 해도 부정적인 감정에 쉽게 휘둘리지 않게 된다.

자신에게 기분 상태를 물어보고 살펴보기를 권한다. 그리고 자신의 감정의 기준점이 어디에 있는지를 점검해 보자. 지금 감정의 기준점에서 벗어나 지하에 있다면 곧바로 올라와야 할 때다. 감정의 기준점을 잡고 조절해 보자.

언제? 바로 지금.

지금 이 순간 기분을
전환하는 20가지 방법

감정의 기준점이 정해지면 '지금 이 순간 자신의 기분을 전환하는 20가지 방법'을 찾아 자신의 기분을 조절한다. 누구나 기분 전환을 위한 나만의 20가지 방법을 찾을 수 있다. 정서적으로 건강하고 긍정적이고 생산적인 자신만의 방법들을 찾기를 바란다. 다음은 지금 이 순간 기분을 전환하는 20가지 방법의 예시다.

· 물을 마신다.
· 잠깐 모든 것을 멈추고 눈을 감는다.
· 친한 친구에게 전화한다.
· 음악을 듣는다.
· 노래를 부른다.

· 잠을 잔다.

· 90초 동안 심호흡한다.

· 책을 읽는다.

· 산책한다.

· 하늘을 바라본다.

· 좋은 글을 읽는다.

· 명상한다.

· 차를 마신다.

· 기도한다.

· 좋아하는 음식을 먹는다.

· 계단을 오른다.

· 집을 청소한다.

· 가족과 대화한다.

· 간단하게 스트레칭을 한다.

· 행복했던 순간을 떠올린다.

· 지금 이 순간 감사한 것 세 가지를 찾는다.

· 파워 포지션을 취한다.

· 기분 좋은 생각을 한다.

· 가장 행복했던 순간을 3분 동안 생각한다.

지금 이 순간 당신의 기분을 전환하기 위한 20가지 방법은 무엇인가? 내가 사용하는 가장 가성비가 높은 방법은 "지금 감사한 것 세 가지 찾기"다. 감사한 것을 찾아 생각하면 고속 엘리베이터를 탄 것 같이 감정의 기준점 위로 올라간다.

감정의 기준점 아래로 내려갔을 때 가능한 빨리 알아차리고 제자리로 돌아오는 게 중요하다. 자신만의 확실한 방법이 미리 준비되어 있어야 한다. 감정이 지하에 있을 때 지금 이 순간 기분을 전환하는 20가지 방법 중에서 한두 개를 실행해서 기분을 전환할 수 있다. 지하 1, 2층으로 내려갔더라도 감정의 기준점인 1층 위로 쉽게 올라올 수 있다.

한번 지하로 내려갔을 때 바로 올라오지 못하면 계속 지하에 머무르게 된다. 그러면 그것이 기준점이 되어 버린다. 평생을 감정의 기준점 아래에서 살 수도 있다. 마치 빛이 들어오지 않는 동굴 속에서 사는 것과 같다. 항상 기분이 처지는 상태가 되고 심각해지면 더 아래로 내려갈 수도 있고, 다시 올라오는 데 시간이 오래 걸린다. 일시적으로 어떤 기간에는 올라올 수 있지만 감정 기복을 자주 경험할 수도 있다.

인생을 살면서 자신의 감정을 잘 다스리는 탁월한 분들을 많이 만났다. 처음에는 '이분들은 감정 문제를 겪지 않는구나.'라고 생각했다. 그러나 가까이 지켜보면서 생각이 바뀌었다. 그들도 사람이라서 감정 문제를 겪고 힘들어하는 것은 마찬가지였다. 하지만 보통 사람들과는 분명히 다른 점은 자신의 감정이 감정의 기준점 아래 있을 때 빨리 인식하고 부정적인 감정 상태에서 빨리 빠져나온다는 사실이다. 그리고 그분들은 항상 감정의 기준점 위에 머무르고 있었다.

반대로 감정 문제로 힘들어하는 사람들은 감정의 기준점이 없거나 감정의 기준점 아래에 오래 머무르거나 오랫동안 헤어 나오지 못한다는 점이다. 항상 자신의 감정의 기준점을 파악하고 그 기준점 위에 있도록 하자. 좋은 기분, 좋은 몸 상태, 좋은 에너지를 유지할 때 좋은 일도 생기기 마련이다. 감정이 감정의 기준점 위에 있을 때는 위기가 오더라도 쉽사리 극복할 수 있는 힘이 생긴다. 그야말로 뭘 해도 잘되는 사람이 된다.

당신의 지금 이 순간 기분을 전환하는 20가지 방법은 무엇인가?

트리거 포인트를 찾아라

> "아이에게 갑자기 화를 내는데 도저히 멈출 수가 없었어요.
> 시간이 지나서 내가 왜 그랬을까 후회하게 돼요. 그러지 않
> 겠다고 결심하지만 또다시 급발진하며 화를 냅니다. 어떻
> 게 해야 하죠?"

왜 멈추지 못하고 계속 화를 냈을까? 사람이 갑자기 화를 내
는 이유는 바로 마치 술을 마시고 필름이 끊긴 것처럼 '트리거 포
인트(Trigger Point)'에서 자신의 상태를 인식하고 멈추지 못했기 때
문이다. 트리거 포인트는 총의 방아쇠를 당기는 순간으로 심한 스
트레스를 받고서 자신도 모르게 폭발하기 직전을 말한다. 정신 차
렸을 땐 이미 상황이 끝나 있고 그제야 비로소 자신이 무엇을 했

는지 알게 된다. 망연자실하고 후회하고 자책해도 소용없다. 상황은 이미 벌어졌다.

자극이 일어나고 순식간 반응하고 결과가 벌어지는 상황 이전에 분명히 트리거 포인트가 분명히 존재한다. 그때 조금 참았더라면, 그때 이렇게 말했더라면 이런 결과가 일어나지 않을 수 있었던 트리거 포인트가 있다.

아이가 과제를 하지 않겠다고 짜증낼 때, 여러 차례 주의를 주었는데도 말을 듣지 않고 결국 사고를 쳤을 때, 여러 번 가르쳐 주었는데도 아이가 알아듣지 못하고 똑같은 실수를 반복할 때 그 트리거 포인트에서 엄마는 욱하고 화를 내고 만다. 트리거 포인트에서 어떤 일이 일어나는지 명확히 인식한다면, 그 지점에서 대체 행동을 할 수 있다면 부정적이고 비생산적인 결과를 긍정적이고 생산적인 결과로 바꿀 수 있다.

자신의 트리거 포인트를 찾아야 한다. 이것이 문제 해결의 시작점이다. 천천히 필름을 되돌리듯 폭발이 일어난 상황을 되짚어 보아야 한다.

"아, 여러 번 알려 주었건만 아이가 똑같은 문제를 계속 틀리는 바로 그 순간 '어휴 이것도 몰라.'라는 생각이 들었다. 속이 답답하고 목덜미가 뻣뻣해지면서 목소리 톤이 올라가기 시작했다. '이걸 모르면 앞으로 어떻게 한단 말이야?'라는 생각이 밀려왔다."

"아이에 대해 절망감이 드는 순간 무슨 말을 어떻게 했는지
도 모르게 정신없이 퍼부었다. 정신이 나간 사람처럼 멈추지
못하고 소리를 질렀다."

트리거 포인트, 그 순간에 나타난 분명한 감정 신호가 있다. 저
절로 떠오르는 생각, 신체 반응, 부정적인 감정 등 그 신호들을 알
아채야 한다. 트리거 포인트에서 어떤 일이 일어났는지를 명확히
파악하고 그 지점에서 분노 행동을 대체할 방법을 찾는다. 긍정적
인 결과를 낼 수 있는 대체 행동을 찾아야 한다.

앞서 찾아낸 "지금 이 순간 기분을 전환하는 20가지 방법"을
활용하면 좋다. 예를 들어 스트레스를 받아 욱하는 순간에 일단
90초 동안 숨을 천천히 들이마시고 내쉬면서 호흡해 볼 수 있다.
지금 감정 폭발로 이어질 수 있겠다는 것을 인식하면 심호흡을 하
거나 잠깐 자리를 피하는 등 아예 다른 대체 방법을 선택할 수도
있다. 트리거 포인트를 알고 나면 자신에게 맞는 다양한 방법을 생
각해 낼 수 있는 여유가 생긴다.

트리거 포인트를 인식하기만 해도 화내는 무서운 엄마에서 탈
출은 거의 성공한 셈이다. 혼자서 어렵다면 코치나 다른 사람의
도움을 받을 수 있다. 이제 당신이 정서적으로 건강한 엄마의 길
로 들어서고 있다.

엄마가 관리해야 할 것은
카톡 말고 셀프 톡(Self-Talk)

"아, 열 받게 하네."

"또 시작이다."

"또 그런다."

"엄마를 무시하는 거야."

"도대체 왜 그러는 거야."

"내가 그럴 줄 알았다."

"왜 못해."

"왜 안 되지?"

"또 틀려?"

"어휴, 이것도 몰라."

"내가 애를 잘 키우고 있는 건가?"

"내가 하지 말라고 그랬지?"

"이제 나보고 어떻게 하라는 거야."

"내가 죽어야 끝나지."

엄마가 화낼 때 머릿속에 자동으로 튀어나오는 말을 셀프 톡이라고 한다. 이것은 감정의 중요한 신호다. 사람은 셀프 톡을 하면서 사건과 상황을 머릿속으로 해석하고 그 해석을 바탕으로 새로운 이야기를 만들어 낸다. 이러한 셀프 톡을 제대로 인식하고 관리하는 것은 정서적으로 건강한 엄마에게 매우 중요한 일이다.

부정적이고 비관적인 셀프 톡이 일어나면 부정적인 생각과 감정이 일어나고 부정적인 반응을 하게 된다. 반면 긍정적이고 생산적인 셀프 톡이 일어나면 긍정적인 생각, 감정, 반응이 일어난다.

감정의 변화는 어떻게 일어나는가?

친한 친구에게 전화를 했는데 받지 않는다. 이런 상황에서 셀프 톡이 자동으로 일어난다.

"뭐지? 나를 피하나? 내가 싫어서 전화를 받지 않나? 내 친구 관계가 늘 이렇지 뭐."

이런 셀프 톡이 일어나면 기분이 어떨까? 당연히 기운이 빠지고 온종일 우울하다. 여기에 '나는 사람들과 좋은 관계를 맺지 못하는 사람이야.'라는 식으로 부정적인 셀프 톡이 더해져 더 깊은 우울 모드로 들어갈 수 있다.

똑같은 상황에 긍정적인 셀프 톡을 하면 어떨까?

"그 친구가 오늘 바쁜가 보네. 그 친구 지난번에 기분이 좋지 않은 일은 잘 해결되었나 모르겠네."

이렇게 긍정적이고 낙관적인 셀프 톡이 일어날 때는 상황이 180도 달라진다.

① 지금 도대체 뭐하는 거야. 이 녀석이 엄마를 무시하나?
② 무슨 일이 있나? 내가 어떻게 도와줄 수 있을까?

미숙한 아이가 말도 안 되는 행동을 했다. 아이의 행동에 자동으로 반응하는 엄마에게 셀프 톡이 일어났다. 당신은 ①, ② 셀프 톡을 보면서 각각의 셀프 톡에 따라 엄마와 아이에게 어떤 상황이 벌어질지 충분히 예상할 수 있을 것이다. 부정적인 셀프 톡을 했을 때는 부정적인 감정이 들고 부정적인 상황이 벌어진다. 반대로 긍정적인 셀프 톡은 긍정적인 감정과 긍정적인 상황을 만든다.

이것이 엄마가 자신의 셀프 톡이 어떻게 일어나는지를 인식하고 관리해야 할 이유다. 셀프 톡에 따라 결과가 달라지기 때문이다. 특히 트리거 포인트에서 부정적인 셀프 톡이 일어난다면 어떻게 긍정적인 셀프 톡으로 바꿀지를 고민해 보라. 그것은 당신의 인생을 바꾸는 일이다.

아이가 매번 틀리는 문제를 또 틀렸다. 몇 번이고 가르쳐 줬는데도 틀렸을 때 순간 엄마의 머릿속에 셀프 톡이 자동적으로 올라온다.

"또 틀려? 어휴, 그것도 몰라."

순간 욱하고 폭발하려고 한다. 가슴이 답답해지고 목소리 톤이 높아져서 또다시 아이에게 꽥 소리를 지르려는 순간이다.

여기서 잠깐! 부정적인 셀프 톡을 긍정적인 셀프 톡으로 바꾸면 과연 어떤 일이 일어날까?

"어떻게 도와줄 수 있을까? 어떤 부분을 이해하지 못하지? 다시 물어보고 설명해 주어야겠다."

이렇게 셀프 톡을 긍정적으로 바꾸니 전혀 다른 상황이 만들어지지 않는가? 엄마와 아이에게도 평화가 찾아오고 새로운 삶을 살 수 있을 것이다. 당신은 버럭버럭 화내는 엄마에서 정서적으로 건강하고 우아한 엄마로 바뀔 수 있다.

셀프 톡까지 관리할 수 있다면 이제 감정을 다룰 수 있는 힘이 생긴 셈이다. 이제 버럭하며 화내는 무서운 엄마와 이별이다.

감정의 주인이 되는 5단계

《감정의 발견》의 저자 예일대학교 감성지능센터장 마크 브래킷 교수는 세계적인 감정연구자다. 그는 감정의 주인으로 살지 않으면 감정에 지배당하는 피해자로 인생을 살게 된다고 강조하면서 감정의 주인이 되는 5단계 방법을 제시한다.

감정 조절 못하고 욱하고 화내는 엄마는 감정의 주인으로 살지 못하고 상황과 환경에 따라 감정의 롤러코스터를 탔다. 자신 안에 부정적인 감정이 일어날 때 마크 브래킷 교수의 "감정의 주인이 되는 5단계 질문"을 차례대로 하면서 감정 인지와 조절 능력을 키울 수 있다.

1단계: 감정 인식하기(Recognizing)

지금 어떤 감정이 떠오르는가? 지금 기분이 어떠한가?

아이가 말도 안 되는 이유를 대며 말대꾸를 한다. "하지 말라." 고 경고를 여러 차례 했지만 엄마에게 또박또박 토를 달며 도발하면 짜증이 나기 시작한다. '또 그런다.' 이런 셀프 톡이 올라오고 목덜미가 뻣뻣해지며 분노가 끓어오른다. 점점 목소리 톤이 높아지면서 거친 말이 나간다. 이런 상황에서 어떤 감정 신호가 나타나는지 파악하고 천천히 몸에서 나타나는 반응을 감지한다. 자신의 목소리 톤을 살펴보는 것도 감정 인식에 유익한 방법이다.

2단계: 감정 이해하기(Understanding)

지금 그 감정이 올라온 이유는 무엇일까?

'지금 이 아이까지 나를 무시하나?'

요즘 들어 남편도 나를 무시하는 말을 자주한다. 그럴 때마다 감정이 요동친다. 어릴 때 엄마는 나와 언니를 비교하면서 자주 무시했다. 그럴 때마다 어떻게든 언니보다 잘하고 싶었지만 그러질 못했다. 엄마가 "니 언니 반만 닮아 봐라." 했을 때 자존심이 상하고 못난 내 모습에 위축되곤 했다.

내면에서 일어나는 셀프 톡과 감정 신호를 읽고 이해하면 그 감정이 올라온 이유가 무엇인지 알 수 있다. 과거 기억이 보내는 신호가 무엇을 말하고 있는지 알아차리기 시작했다.

3단계: 감정에 이름표 달기

그 감정에 이름표를 붙인다면 무엇이라고 할 수 있을까?

'아이가 미숙하게 행동할 때 나타나는 답답함'

'나를 무시한다는 생각에서 비롯된 억압된 분노'

이런 식으로 감정에 이름표를 붙일 수 있다. 감정의 이름표를 붙여 보면 비슷한 상황에서 일어나는 감정을 인식하는 데 쉬울 뿐만 아니라 감정을 다루는 힘까지 생기기 시작한다.

4단계: 감정 표현하기(Expressing)

그런 감정이 올라올 때 어떤 식으로 표현했는가?

어떤 생각, 감정, 행동의 패턴이 나타나는가?

지금과 다르게 건강한 방식으로 감정을 표현한다면 어떻게 하고 싶은가?

나를 무시한다는 생각에서 비롯된 억압된 분노의 감정이 생기는 상황들을 떠올려 보았다. 누군가 무시한다고 생각할 때마다 나도 모르게 발끈하곤 했다. 아이들이 말대꾸하고 고분고분 엄마 말을 듣지 않는다는 생각이 들 때, 아이들이 자기의 생각을 표현한다고 생각하지 않고 엄마인 나를 무시한다고 여겼다. 그때마다 짜증을 내고 화를 냈다.

감정에 이름표를 붙이고 그 감정을 자신이 어떻게 무의식적으로 의식적으로 처리하고 있는지를 생각해 볼 수 있다. 반복적으로 동일하게 그 감정에 반응하고 있다는 사실을 발견할 수 있다. 그런 감정 표현이 자신과 주변에 어떤 영향을 주는지도 파악할 수 있다.

5단계: 감정 조절하기(Regulating)

지금 이 상황에서 내가 진정으로 원하는 것은 무엇인가?
만약 그것이 이루어진다면 내 기분이 어떨까?
지금 내가 할 수 있는 가장 좋은 감정 조절 방법은 무엇일까?

이제 아이의 말대꾸는 나를 무시하는 것이 아니고 단지 미숙하게 자신의 의견을 표현하는 것이다. 오히려 엄마인 내가 아이의 마음을 제대로 받아 주지 못했다. 나를 인정하지 않고 무시한다는 생각이 들 때 이미 과거에 일어난 일로 흘려보낸다.

나는 이제 어른이고, 충분히 아이들의 마음을 이해하고 수용할 수 있는 존재다. 아이가 말대꾸하는 상황이 생길 때 감정을 인식하고 잠깐 심호흡을 한다. 잠시 혼자 시간을 보내면서 아이가 지금 어떤 기분, 생각을 가졌는지를 파악하고 '내가 무엇을 도와줄 수 있을까?' 이렇게 긍정적인 셀프 톡을 한다.

아이들의 마음을 제대로 받아 주고 아이와 좋은 관계를 맺으며 건강한 정서를 가진 엄마로 사는 것이 내가 진짜 원하는 모습이다. 이제 과거의 낡은 감정에 매어 사는 존재가 아니고 새로운 나로 산다. 과거의 나와 결별하고 새로운 나를 상상하니 힘이 난다.

화내거나 소리 지르는 대신 다른 감정 조절 방법을 사용할 수 있다. 심호흡하거나 다른 관점에서 생각해 보거나 잠시 산책하면서 지금 엄마로서 어떻게 행동할지를 생각해 본다. 자신의 상황에 맞는 다양한 감정 조절 방법을 적용해 볼 수 있다.

"감정의 주인이 되는 5단계 방법"은 감정 인식과 조절에 도움이 된다. 삶에서 어떤 감정들이 어떻게 반복적으로 나타나는지 어떤 부정적인 영향을 주고 있는지 발견할 수 있다. 감정 인식 능력과 조절 능력이 향상되면서 새로운 삶과 관계가 만들어지기 시작한다.

감정의 쓰나미가 몰려올 때 대처하는 법

감정의 파도가 밀려온다. '분노'가 쓰나미처럼 몰려올 때 어떻게 해야 할까? 어떻게 해서든 노래 반 곡 정도 들을 수 있는 시간, 감정이 쓰나미처럼 우리 몸을 한번 휩쓸고 지나가는 시간인 약 90초 정도만 버티라고 권하고 싶다.

《인생을 바꾸는 90초》의 저자 조앤 로젠버그 박사는 40년 넘게 개인의 성장과 행복을 연구한 임상심리학자다. 그녀는 아무리 강력한 감정이라도 처음 촉발된 시점부터 약 90초 정도 지속되니 '90초 접근법'을 통해 불쾌한 감정을 짧은 시간에 이겨 낼 수 있다고 말한다. 감정의 강도와 주관적인 경험에 따라 다를 수 있지만, 쓰나미 같이 몰려오는 감정의 수명은 심지어 90초보다 더 짧을 수도, 약간 더 길 수도 있지만, 일단 90초를 버티는 것이 중요하다.

감정이 일어난다는 것은 뇌 안에 있는 신경 전달 물질이 우리 몸을 한 번 휩쓸고 간다는 것을 의미한다. 어떤 감정이든 아무리 강력하게 느껴지는 감정도 사실 일시적인 것에 불과하다. 그래서 그 일시적인 90초를 어떻게 버티는지가 관건이다.

'90초 버티기'는 호흡과 함께할 때 가장 효과적이다. 어떻게 호흡할지 크게 고민하지 말라. 코로 깊게 5초 정도 숨을 들이마시고 입으로 5초 정도 숨을 내뱉는다. 이런 식으로 호흡을 90초 정도 계속한다. 해 보면 의외로 효과적이라는 것을 알게 될 것이다.

'90초 버티기 호흡'이 효과적인 것을 알면 조금 더 심화 과정으로 들어갈 수 있다. 부정적인 감정들이 떠오를 때 90초를 버티며 호흡하면서 '감정의 주인으로 사는 5단계' 질문을 천천히 해 본다. 그 감정을 어떻게 느꼈는지, 몸의 반응은 어땠는지, 감정이 일어나는 이유는 무엇인지를 생각해 본다. 이렇게 자신의 감정을 객관적으로 보기 시작하는 것이다.

분노와 같은 부정적인 감정이 90초가 아닌 하루 종일 아니 며칠, 몇 달 지속되는 사람들이 있다. 힘든 감정이 너무 오랫동안 지속된다고 하소연한다. 그 이유는 소가 되새김질을 하듯 계속 그 부정적인 생각을 곱씹고 되새기기 때문이다. 그러나 사람은 소가 아니니 부정적인 감정을 되새김질 할 필요가 없다. 생각을 되새길 때마다 사람의 몸은 감정을 처음 느낀 것과 비슷한 생화학적인 파도를 경험한다. 어떤 과거 기억이나 상황을 떠올리면서 그것과 연결된 감정이 자연스럽게 나타나고 역시 관련된 신체적 감각을 동일하게 경험하는 것을 알 수 있다. 어떤 사건에 대한 기억이 며칠, 몇 년, 수십 년이 지나도 계속 이어지는 것은 감정 자체가 아니라 감정의 기억이 반복되기 때문이다.

부정적인 생각을 곱씹고 되새기면서 몸에 동일한 신경 전달 물질이 계속해서 전달된다면 어떤 일이 일어날까? 바로 쉽게 동일한 감정을 되새기면서 감정 중독에 걸린다. 그래서 한번 누군가를 미워하면 그렇게 용서하기가 힘들다. 한번 자책과 후회를 반복하게 되면 그것을 끊어 내기가 어렵다.

감정의 원리를 반대로 적용하기

이 감정의 원리를 반대로 적용해 볼 수 있다. 뭐든 뒤집어 보면 새로운 것이 보이는 법이다. '90초 버티기'와 생각을 되새길 때 동일한 감정이 일어나는 원리를 긍정적인 쪽으로 적용한다. 좋은 기억을 90초 동안 생각해 보고 되새기는 것이다.

행복하고 기쁘고 감사한 것을 90초 동안 곱씹으며 되새길 때 긍정적인 감정이 쓰나미처럼 몰려올 것이다. 긍정적이고 생산적인 감정에 중독되는 셈이다. 이렇게 하면 "항상 기뻐하라."는 말씀이 실제로 가능해진다.

이 방법을 세계적인 세포생물학자 브루스 립튼 박사도 동일하게 제시한다. 브루스 립튼 박사는 《허니문 이펙트》에서 자신의 수십 년간 결혼생활이 어떻게 언제나 신혼 생활과 같을 수 있는지를 설명하고 있다. 그는 배우자를 가장 사랑했던 순간의 기억을 자주 떠올리는 것이 비결이라고 말한다. 다들 그런 순간이 있다. 콩깍지가 씌워서 가슴 설레고, 보기만 해도 좋고, 손만 잡아도 부르르 떨리고, 밤이 새도록 이야기를 해도 지치지 않았던 그 순간 말이다. 사랑의 호르몬이 분수처럼 방출되는 그때가 있었다.

그때 상황, 장면, 순간, 느낌을 90초 정도 떠올리면 입가에 잔잔한 미소가 떠오른다. 마치 지금 그때로 되돌아간 것처럼 마음이 설레는 것 같다. 이렇게 90초 동안 떠올리며 생각을 되새김질해 보라. 아이와 배우자와 가장 행복하고 사랑스러웠던 순간을 되새김질해 보자. 행복한 감정에 중독되어 보자.

이 정도 되면 '화내고 무서운 엄마'에서 탈출할 수 있는 어느 정도 내공이 쌓였을 것이다. 슬슬 하산할 시간이 다가오고 있다. 드디어 아이와 벌이는 실전에서 그동안 갈고 닦은 내공을 선보일 때가 왔다.

생각하고 적용하기

1. 당신의 감정의 기준점, Fine 상태는 어떤 상태인가요?
   당신의 감정의 기준점을 잡아 보세요.

2. 당신의 지금 이 순간 기분을 전환하는 20가지 방법은 무엇
   인가요?

3. 당신이 매번 아이에게 욱하고 버럭하고 화내는 트리거 포인
   트는 어떤 상황인가요?

4. 아이에게 나도 모르게 욱하고 화낼 때 주로 머릿속에 어떤
   '셀프 톡'이 떠오르나요? 그 셀프 톡을 긍정적으로 바꾸고 기
   록해 보세요.

Chapter 8
건강한 정서를 가진
아이로 키우기

감정 훈련을 통해
건강한 정서를 가진 아이로 키우기

단번에 감정의 주인으로 살 수 있다면 거짓말이다. 자신의 감정을 인식하고 이름표를 붙이고 건강하게 표현하고 조절할 수 있는 내공은 쉽게 쌓이지 않는다. 엄마가 자신의 감정을 인식하는 능력은 서서히 쌓이며 길러진다. 여러 번 시행착오를 거치면서 조금씩 아이에게 감정을 가르칠 수 있는 수준으로 자랄 것이다. 이러면서 엄마는 아이에게 좋은 영향을 미치기 시작한다. 악순환이 선순환으로 전환하는 단계에 들어선 셈이다.

감정 능력이 생긴 정서적으로 건강한 엄마가 아이의 감정을 읽어 주고 아이가 인식할 수 있도록 말해 줄 수 있다.

"속상하겠네."

소극적 경청, 적극적 경청을 통해 아이의 감정을 읽어 주면서 아이의 감정을 물어보면 아이도 자신의 감정을 인식하면서 감정 능력이 향상된다.

아이에게 "지금 기분이 어때?"라고 물어보라. 물론 아이들은 자신의 감정을 정확하게 표현할 수 있는 어휘 능력이 아직 부족할 수 있다. 하지만 아이들 수준에서도 자연스럽게 자신의 감정을 인식하고 표현할 수 있는 방법은 많다.

마크 브래킷 교수가 제안하는 무드 미터(Mood Meter)는 아이들이 쉽게 사용할 수 있는 감정훈련 도구다. 무드 미터를 사용하면 직관적이고 쉽게 자신의 감정을 인식하고 기분을 전환할 수 있다.

무드 미터(Mood Meter)

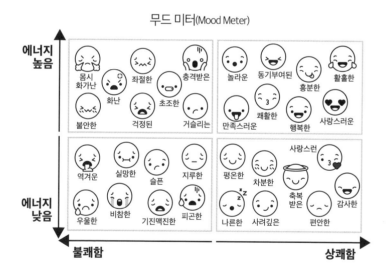

무드 미터는 두 개의 축으로 이루어져 있다. 가로축은 마음이 상쾌한지 불쾌한지에 대한 정도로 오른쪽으로 갈수록 상쾌하고 왼쪽으로 갈수록 불쾌한 정도가 커진다. 세로축은 에너지 레벨의 수준으로 위로 갈수록 에너지가 높고 아래로 갈수록 에너지가 낮다.

무드 미터를 통해 감정 상태를 크게 네 가지로 표현할 수 있다. 감정의 에너지 레벨이 높으면서 상쾌할 때 노란색, 감정의 에너지 레벨이 낮지만 상쾌할 때 초록색, 감정의 에너지 레벨이 높으면서 불쾌할 때 빨간색, 감정의 에너지 레벨이 낮으면서 불쾌할 때 파란색으로 표현한다.

아이들에게 무드 미터를 통해 자신의 감정을 인식하고 표현하는 법을 알려 주면 유치원생이라도 쉽게 자신의 감정을 색으로 인식하고 표현한다.

"지금 기분이 어때?"

"지금 네 마음을 어떤 색으로 표현할 수 있을까?"

이렇게 질문하면 아이는 자연스럽게 스스로 감정을 인식하고 표현하는 방법을 배운다.

무드 미터는 감정 인식뿐만 아니라 엄마가 아이에게 기분을 전환할 수 있도록 이끌어 줄 때도 도움이 된다.

"지금 많이 화가 났구나. 지금 네 감정이 어떤 색이야?"

"지금 감정이 빨간색이구나. 그래 엄마도 네 기분이 어떤지 알겠어. 지금 네 기분을 노란색이나 파란색으로 바꾸려면 어떻게 하면 좋을까?"

이렇게 질문해서 아이의 마음을 알아줄 뿐만 아니라 아이가 스스로 자신의 감정을 인식하고 조절하도록 이끌어 줄 수 있다. 내공이 쌓인 엄마가 아이에게 자신의 감정을 인식하고 감정 조절을 할 수 있는 정서적으로 건강한 아이로 키울 수 있는 수준이 되었다.

감정의 파도에 함께 휩쓸리지 않으려면

아이들은 쉽게 감정의 파도에 휩쓸린다. 종종 도저히 걷잡을 수 없게 행동하거나 말도 안 되는 이유로 화를 내고 부모 속을 뒤집어 놓는다.

갑자기 동생과 잘 놀던 아이가 동생이 자기 말을 안 듣는다며 소리를 고래고래 지르고 물건을 집어 던진다. 스스로 분을 못 이겨 동생을 때리기까지 한다. 그런 행동에 엄마가 야단을 치면 오히려 어쩔 줄을 모르고 방바닥을 떼굴떼굴 구르면서 악을 쓴다. 학교에서는 얌전하고 선생님 말씀도 잘 듣는 아이다. 교실에서 떠들고 장난치는 친구들과는 다르게 항상 조용하고 반듯하다. 하지만 집에 돌아오면 달라진다. 엄마의 말에 심하게 반항한다. 엄마가 하는 것을 못하게 하거나 무엇을 하라고 시키면 소리 지르거나 화내면서 어쩔 줄을 몰라 한다.

평소에는 이쁜 짓을 하면서 엄마의 마음을 쏙 빼앗는 아이, 귀엽고 상냥한 행동에 이뻐하지 않을 수 없다. 하지만 무엇인가 자기 마음에 들지 않으면 씩씩거리거나 아무에게나 심통을 부리고 소리를 지른다. 어떤 때는 물건을 던지고 부모나 주변 사람들에게 공격적인 모습을 보인다. 반대 상황도 벌어진다. 집에서는 얌전한 아이가 학교에서는 공격적이거나 자신의 감정을 주체하지 못하기도 한다.

정말 이해할 수 없는 아이의 행동에 엄마 속이 까맣게 탄다. 눈앞에서 핵폭탄이 터지는 것 같다. 아이의 이런 행동이 계속될까 봐 더 불안하다. 통제되지 않는 아이의 행동에 엄마도 통제력을 잃고 폭발한다. 엄마도 아이도 사람인지라 자신도 모르게 주체할 수 없이 흥분하거나 화를 낼 수 있다.

엄마와 아이 모두 부정적인 감정을 표현할 수 있다는 것을 인정하는 것이 감정 능력을 키우는 출발점이다. '이렇게 해야 해.' '이러면 안 돼.'가 '그럴 수도 있구나.'로 있는 그대로 인정하는 것부터 시작해야 한다.

감정의 파도에 휩싸인 아이에게 엄마는 어떻게 해야 할까?

초등학교 3학년 아이가 태권도 승급 심사에서 실력을 제대로 발휘하지 못했다. 실수를 연발했다. 실망한 아이가 엄마에게 고함을 지르며 성질을 부린다. 아이가 감정을 통제하지 못하고 화를 낸다.

"태권도 싫어. 다시는 안 해"

어느 집이라도 비슷한 상황은 쉽게 벌어진다. 이런 상황을 경험하는 부모라면 과연 어떻게 해야 하는 걸까? 이런 상황에서 부모의 성격과 육아 스타일에 따라 부모는 다양하게 아이에게 반응한다.

첫 번째 유형은 자신도 모르게 아이의 감정에 함께 휩쓸린다. 아이의 말도 안 되는 행동에 짜증이 치솟고 참고 또 참아 주다가 결국 버럭 분노를 표출하면서 아이의 행동을 중단시키거나 억지로 저지한다.

"어허, 또 그런다. 안 간다는 소리는 하지도 마. 지가 잘못해 놓고 왜 엄마한테 난리야."

마음을 받아 주기는 커녕 큰소리치며 아이를 혼란에 빠뜨린다.

두 번째 유형은 버릇이 나빠질까 봐 초장부터 엄하게 다루는 엄마다.

"엄마한테 어디서 배워 먹은 버르장머리야."

훈련 교관처럼 엄하게 대하면서 아이의 행동을 무시한다. 아이의 바람직하지 않은 행동을 똑바로 잡으려고 한다. 아이의 마음을 받아 주지 않고 행동을 잡는 데 집중한다.

세 번째 유형은 아이를 진정시키기 위해서 달래 주려고 한다. 무조건 아이에게 맞춰 준다. 아이에게 실망감과 수치심을 주지 않으려고 노력한다.

"우쭈쭈, 우리 아들 괜찮아. 그럴 수도 있지. 다음에 잘하면 되지 뭐. 그런데 우리 뭘 먹을까?"

아이의 마음을 받아 주고 신경을 돌리는 데만 집중한다. 잘못된 행동에는 손을 쓰지도 못한다. 사실 이런 경우에는 마음도 제대로 받아 주는 것도 아니다. 아이의 진짜 속마음은 모른다.

네 번째 유형은 자신이 무엇을 했는지도 모르는 아이를 놓고 차분하게 이성적으로 대화를 시도한다.

"그래, 지금 네가 이렇게 행동하는 게 맞다고 생각하니? 네가 평소에 제대로 연습했으면 문제가 됐겠어? 그리고 이번 달 돈을 내서 어쩔 수 없어. 그냥 다녀."

마음을 받아 주지도 행동을 바로잡지도 않는다. 엄마 말 중에 틀린 말은 하나도 없지만 어쩌지 못하는 아이의 감정은 속에 쌓인다.

도대체 어떻게 해야 할까? 이런 일을 한바탕 겪고 나면 엄마는 자책이나 죄책감에 빠진다. 먼저 엄마가 모든 상황에서 항상 완벽할 수는 없다는 것을 인정하자. 항상 아이의 마음을 모두 받아 주고 행동은 고쳐 주는 이상적인 100점짜리 엄마는 없다. 현실에는 그렇게 할 수 없는 상황이 더 많이 벌어진다.

하지만 아이가 어떤 행동을 반복적으로 한다면 다 이유가 있기 마련이다. 그 이유를 찾는 것이 먼저다. 이런 상황에서 기분, 생각, 욕구 이 세 가지를 알면 우아하게 아이의 마음은 받아 주고 행동은 고쳐 줄 수 있는 정서적으로 건강한 엄마가 된다.

세 가지를 알면
정서가 건강한 아이가 된다

각 가정에서 일어나는 상황과 사건은 비슷한 것 같지만 다 다르다. 아이의 성격과 기질, 부모의 성격과 수용 정도가 백이면 백 모두 다르다. 이런 상황에서 꼭 맞는 해법을 찾기 어렵다. 하지만 원칙은 분명하다. '마음은 받아 주고 행동을 고쳐 준다.'는 기본 원칙을 적용하는 것을 잊지 말자.

자기 자신도 알기 어려운 아이의 마음을 부모가 받아 주자. 수용하기 어려운 행동에 대해서는 평소와 같은 부드러운 목소리 톤으로 아이-메시지로 아이가 인식할 수 있도록 하는 게 중요하다. 그런 상황에서 차분하게 다른 대안 행동을 할 수 있도록 이끄는 것이 황금률이다.

물론 전제 조건이 있다. 어느 정도 부모가 자기 자신의 감정을 인식하고 있고 아이의 부정적인 행동과 감정 표현을 통해 무엇인가를 표현하려고 한다는 사실을 아는 정도의 내공은 되어야 한다. 한마디로 정서적으로 건강해야 한다. 그리고 아이가 부정적인 행동이나 감정을 표현할 때 아이와 함께 감정을 인식하고 이유를 찾고 조절하는 좋은 기회로 삼으려 해야 한다.

이제 태권도 심사에서 제대로 실력을 발휘하지 못하고 실망한 채 집에 돌아와서 엄마에게 고함을 지르며 화내는 아이를 어떻게 대할지 다시 생각해 보자. 아이의 기분, 생각, 욕구를 파악하는 데 집중하라.

"태권도 싫어. 다시는 안 해"

공감을 위한 기분 / 생각 / 욕구 파악

기분

생각

욕구

긍정적 의도를 듣는다.

이렇게 말하는 아이의 기분은 무엇일까? 그런 기분을 느끼는 아이의 생각은 무엇일까? 어떤 욕구 때문에 아이가 그런 생각을 하고 그런 감정을 표현할까? 욕구가 생각을 만들고, 생각이 감정을 만들고, 감정이 행동을 만든다.

엄마가 아이의 기분, 생각, 욕구를 이 세 가지를 파악할 수 있다면 아이의 마음을 받아 주고 행동을 고치는 데 도움이 되는 중요한 단서를 확보한 셈이다. 자신의 감정을 인식하고 조절할 수 있는 정서적으로 건강한 엄마는 관찰과 질문, 직관을 통해 아이의 기분, 생각, 욕구를 파악한다.

아이에게는 다 이유가 있다. 평소 아이를 잘 관찰한 엄마라면 아이가 하는 행동의 이유를 금방 안다. 차분하게 대응하면서 아이의 감정을 읽어 주고 물어볼 수도 있다. 화가 난 아이가 좀 더 진정할 때까지 기다려 줄 수도 있다.

어른이라도 자신이 어떤 상태이고, 그 기분이 어떤 생각에서 비롯되었고, 어떤 욕구로부터 나왔는지를 알지 못하는 경우가 많다. 하물며 아이는 자신의 감정을 알기도 어렵고 제대로 표현하지 못할 수 있다. 내면의 감정과 생각, 욕구를 화를 내는 것 말고는 표현할 다른 방법을 알지 못할 수도 있다.

기분: 아이가 실망감과 수치심이 가득 차 있다. 자기 자신에 대해서 창피하기도 하고 화가 난다.

생각: 태권도 심사에서 제대로 해내지 못했다. 실수를 많이
했다. 그래서 태권도를 하기 싫다.
욕구: 사실 태권도를 잘하고 싶다. 잘해서 인정받고 싶다

아이의 기분, 생각, 욕구를 아주 정확하게 알기는 어렵다. 누가
사람의 마음을 다 알 수 있을까? 아이의 입장이 되어 아이의 기분,
생각, 욕구를 헤아려 볼 수는 있다. 아이의 마음을 받아 준다는 것
은 내면의 감정과 생각과 욕구를 잘 알아주는 것이다.

'잘해서 인정받고 싶었는데 제대로 하지 못해서 실망하고 부
끄러운 마음'을 알아준다고 생각하면 그때 마음이 풀리기 시작한
다. 자신도 제대로 표현하지 못한 마음을 알아주고 수용해 줄 때
마음을 받아 준다고 여긴다. 엄마는 아이의 마음을 알아주면서 아
이의 바람직하지 못한 행동을 아이-메시지를 통해 바로잡아 준다.
화를 내거나 태권도를 포기하는 대신에 다른 행동을 생각해 볼 수
있도록 이끌어 줄 수 있다.

"실수해서 속상하겠네. 엄마도 예전에 실수해서 많이 속상
한 적이 있었어. 많이 속상하구나?(적극적 경청)"
"네가 갑자기 들어와서 소리를 지르니까 엄마가 많이 놀랬
어.(아이-메시지)"
"그래, 실수해서 기분이 안 좋았구나. 그렇구나. 엄마가 이제

우리 아들 마음을 알겠네.(적극적 경청)"

"실수하지 않고 잘하고 싶었구나. 실수하지 않고 잘하려면 다음에 어떻게 하면 좋을까?(질문, 요청)"

기분, 생각, 욕구 이 세 가지를 알면 엄마가 아이의 감정의 파도에 함께 휩쓸려 가지 않는다. 차분하게 아이의 마음을 받아 줄 뿐만 아니라 아이가 스스로 다른 대안을 생각하는 시간을 갖도록 여유를 가지고 이끌어 줄 수 있다.

어떤 상황이 오더라도 엄마가 먼저 자기 자신의 감정을 인식하고 조절하면서 아이의 기분, 생각, 욕구를 파악해서 마음을 받아 줄 수 있다. 평소와 같은 목소리 톤으로 아이의 적절하지 못한 행동을 스스로 깨우치도록 거울처럼 비추어 줄 수 있다. 그때 아이는 스스로 생각하는 힘을 기르고, 대체 행동에 대한 대안을 얻기 시작한다.

점점 정서적으로 건강한 엄마로 한 걸음씩 더 가까이 가고 있다. 이제 어깨에 조금 힘줘도 된다.

아이의 기질과 성향 파악하기

"다음에 뭐할 거야?"

"오늘 계획이 뭐야?"

"저녁을 먹으려면 얼마나 남았어?"

우리 집 첫째는 확실한 계획이 세워져 있지 않으면 스트레스를 받고 쉽게 짜증을 냈다. 예측하지 못한 상황이 일어나는 것을 싫어하고 쉽사리 받아들이지 못했다. 별일도 아닌데 짜증 부리거나 화내는 아이를 대하면서 우리는 참 어려웠다. 우리 부부는 유연하게 일정을 조율하는 편이라서 매사가 정확해야 하고 확실하지 않은 상황을 싫어하는 까다롭고 민감한 아이가 무척 힘들었다. 일정과 계획을 꼭꼭 따지는 아이의 성향이 못마땅했다. 그럴 때마다 아이와 같이 짜증 내고 화냈다.

아이의 자연스러운 기질과 성향은 부모와 다르게 나타날 수 있는데 부모는 그것을 제대로 인식하지 못할 수 있다. 이때 부모와 아이는 불필요한 감정적 갈등을 겪는다. 아이는 아직 어리고 미숙해서 내면의 기질이나 성향으로 인한 자신의 욕구가 충분히 채워지지 않을 때 부정적인 감정을 표출한다. 아이에게는 자연스러운 성장 과정이지만 아직 미숙하고 잘 다듬어지지 않았기에 부정적으로 나타난다. 그것을 제대로 알지 못하고 아이와 다른 성향과 기질을 가진 부모가 정서적으로 미숙한 아이를 향해 "네가 틀렸다."며 아이를 잡았다.

아이가 부정적으로 감정을 표출할 때 부모가 부정적으로 판단하고 반응한다면 어떻게 될까? 서로의 정서적인 면이나 관계에서 좋은 상황이 벌어질 리 없다. 그러나 아이의 자연스러운 기질과 성향을 파악하고 이해하고 인정한다면 부모는 아이의 자연스럽게 나타나는 성향과 기질이 다듬어지는 과정을 인내심을 갖고 기다릴 수 있다. 나와는 다른 아이의 모습을 있는 그대로 인정하면서 좋은 방향으로 이끌어 줄 수 있다.

시행착오 끝에 부모도 아이도 타고난 성향 때문에 자신도 모르게 나타나는 미숙한 모습을 이해하고 수용하는 수준이 되었다. 자신의 기질과 성향으로 인해 부정적 모습을 보일 수 있다는 것을 충분히 인정하고 받아들인다. 이것이 선순환을 만들었다. 자신과 다른 사람들이 서로 다를 수 있다는 것도 깨닫게 되었다. 이제 첫째 아이는 조금씩 자신의 미숙한 모습을 다듬어가면서 정서적으로 건강하게 성장하고 있다.

누구의 문제인지 분별할 때 얻는 유익

"친구가 날 싫어해."

아이가 실망한 기색으로 이렇게 말한다면 누구의 문제일까? 이것은 부모 문제가 아닌 아이 문제다. 아이가 숙제를 어려워하고 있다면 이것은 누구 문제일까? 이것은 아이 문제다. 아이가 공부하지 않는 것 때문에 부모 속이 타고 짜증 난다면 누구 문제일까? 이것은 부모 문제다. 부모가 바빠서 서두르고 있는데 아이는 늦장을 부릴 때 화나는 것은 누구 문제일까? 이때 속이 터지고 답답한 것은 부모 문제지 아이 문제는 아니다.

제발 부모 문제를 아이에게 전가하거나 아이 문제를 부모 문제로 받아들이지 말자. 부모와 아이 사이에서 어떤 문제 상황이 벌어질 때, 누구의 문제인지를 분별하는 것은 자녀 양육에서 아주 중요하다. 그것을 분별한다면 부모와 자녀 사이에 벌어지는 대부분의 문제를 쉽게 해결할 수 있다.

《부모 역할 훈련》의 저자 토마스 고든은 아이가 가진 문제와 부모가 가진 문제를 명확하게 분별하는 것이 좋은 부모가 해야 하는 일이라고 힘주어 말한다.

누구의 문제인지 아는 게 왜 중요할까? 누구의 문제인지에 따라 해결 방법이 완전히 다르기 때문이다. 부모가 아이 문제를 자신의 문제로 여기거나, 자신의 문제를 아이에게 전가할 때 혼란이 일어난다. 누구의 문제인지 모르면 부모와 자녀는 불필요한 갈등과 혼란에 빠지게 된다. 지금 상황이 아이 문제인지, 부모 문제인지를 분별할 수 있다면 부모는 훨씬 더 상황을 명확하게 인식하고 대처할 수 있다. 아이 역시 자신의 문제를 스스로 해결할 힘을 기를 수 있다.

누구의 문제인지 명확하게 알기 위한 질문

누구의 문제인지 명확하게 알기 위해서 어떻게 해야 할까? 이렇게 질문해 보라.

> · 아이가 원하는 것이 따로 있어서 아이가 힘들어하거나 속상한 것인가?
> · 아니면 아이가 받아들일 수 없는 행동을 해서 부모가 정신

아이가 분노하고 실망감을 표현할 때 부모에게 큰 영향을 주지 않는다면 이것은 분명히 아이 문제다. 이때 부모는 행동으로 나타나는 아이의 마음을 알아주고 경청하면 된다. 아이는 부모에게 감정을 수용 받고 도움을 받으면서 서서히 자신의 문제를 해결할 힘을 기를 수 있다.

부모는 '지금은 아이 행동에 대해서 내가 욱하기보다는 아이의 마음을 돌아봐야 할 때구나.'라고 생각하면서 여유를 갖는다. 그러면서 아이 상황에 적절하게 대처할 수 있고, 아이 문제가 부모 문제로 전이되지 않는다.

부모 문제일 때 부모가 해야 할 것

지금 아이가 새로 산 소파에 낙서하고 있다면 화가 저절로 날 것이다. 그것은 누구 문제인가? 아이 행동이 부모에게 부정적인 영향을 미치며 부모가 받아들일 수 없는 행동을 하고 있다면 이것은 부모 문제다. 그렇다면 아이의 행동에 대해서 부모가 어디까지 용납해 줄 수 있는지, 수용할 수 있는 행동과 부모가 수용할 수 없는 행동을 구분할 필요가 있다. 아이를 사랑하는 부모라도 시간적으로 여유가 있느냐에 따라, 부모의 신체적 상태에 따라 수용 범위가 달라진다. 또한 아이가 첫째냐 둘째냐에 따라 부모의

수용 정도가 달라질 수도 있고, 엄마냐 아빠냐에 따라 수용 범위
도 달라진다.

아이는 아직 미숙해서 부모가 수용할 수 없는 행동을 종종 한
다. 아이가 어릴수록 더하지만 사춘기에 접어든 아이도 이성적으
로 이해할 수 없는 행동을 하기도 한다. 일단 아이의 행동이 수용
하기 힘들고 부정적인 영향을 주고 있다면 아이에게 부모의 마음
을 전달하고 아이의 부적절한 행동을 고쳐 주어야 한다. 그래서
부모는 먼저 마음을 가라앉히고 아이와 아이-메시지(I-Message)로
이야기를 나누는 것이 좋다. 최대한 목소리 톤을 낮추고 부드럽게
말해야 한다. 부모는 아이의 행동이 어떤 영향을 미치는지를 먼저
인식하고, 아이에게 적절하게 감정을 표현하고 행동을 고칠 수 있
도록 메시지를 주어야 한다.

가정에서 수용할 수 없는 아이 행동으로 인해 화나는 상황은
수도 없이 일어난다. 물론 화내지 않는 것이 가장 바람직하지만 부
모도 화낼 수 있다. 하지만 아이는 자기 행동이 부모에게 어떤 영
향을 미쳤는지, 왜 잘못했는지를 대부분 모른다. 미숙한 아이에게
는 시간이 필요하다. 스스로 인식하고 해결할 수 있도록 부모의 기
다림이 필요하다. 부모는 아이의 성장 발달 단계에 따라 스스로 생
각하고 행동할 수 있도록 조금씩 이끌어 주어야 한다.

누구의 문제인지 분별할 수 있다면 부모도 자신의 감정도 적
절하게 표현하고 아이의 행동도 바람직하게 이끌어 줄 수 있다.

모드(Mode) 전환

대부분 실제로 일어나는 문제는 원인이 복합적으로 뒤섞여 있다. 그래서 누구의 문제인지 분별하기 어려운 것이 사실이지만 어떤 문제건 아이가 고쳐야 할 부분도 있고 부모가 고쳐야 할 부분도 있다. 이렇게 누구의 문제인지 분별하기 어려운 복합적인 상황이 좋은 기회이다. 대화할 수 있고 부모가 자신의 감정을 적절하게 표현하면서 아이 문제 행동을 거울처럼 비춰줄 수도 있기 때문이다.

이런 상황에서 '모드 전환' 방법을 사용해 보자. 마치 컴퓨터의 모드를 조절하듯 아이-메시지를 통해 부모 감정을 표현하고, 아이의 마음 상태를 읽고 다시 아이-메시지로 표현하는 방식을 통해 아이와 소통하는 것이다. 아이-메시지로 표현할 때 쉽게 순응하는 아이도 있지만 대부분은 방어적인 태도를 보일 것이다. 그때 아이-메시지 모드에서 '경청 모드'로 바꾸어 본다. 소극적 경청과 적극적 경청 스킬을 사용하여 아이의 마음을 받아 주며 여러 차례 모드를 전환하면서 부모 감정을 전달하며 아이 마음을 수용하는 과정을 반복한다면 자연스럽게 소통하게 될 것이다.

> 엄마: 지난번에 공부할 때는 유튜브 안 보고 공부에만 집중한다고 약속했는데 네가 공부는 안 하고 유튜브만 보니까 엄마 마음이 조금 속상해.
>
> 아들 : 잠깐 쉬다가 나도 모르게 봤어요. 그리고 과제를 하면

서 찾아야 할 것이 있었는데 보다 보니 나도 모르게 시
간이 가는 줄 몰랐어요.

엄마: 그랬구나. 잠깐 쉬려고 한 거였구나. 집중하다 보면 시
간이 가는 줄 모를 수 있지.

아들: 예, 맞아요. 저도 모르게 그렇게 된 것 같아요.

엄마: 그렇구나. 엄마도 정신없이 일하다 보면 시간이 가는
줄 모를 때가 있더라. 그래서 그럴 때 엄마는 시간을
미리 정해 놓고 알람을 사용해. 집중해서 공부하고, 유
튜브 보는 시간은 알람을 맞춰 놓고 보면 어떨까? 네
생각은 어때?

아이의 감정 상태를 살펴보면서 모드를 전환하며 대화를 이어
간다면 아이 마음도 알아주고 새로운 행동도 제안할 수 있다. 부모
는 아이가 가진 문제를 해결할 수 있도록 돕는 역할을 해야 한다.
또한 부모의 감정이 제대로 전달되고 아이도 그런 과정을 통해 다
른 사람의 감정을 배울 수 있도록 하는 것이 바람직하다. 누구의
문제인지에 대한 분별력을 가짐으로 자연스럽게 소통하며 아이
와 부모 모두 정서적으로 건강하게 성장할 수 있다.

어디까지 받아 주어야 할까?

> "마음은 받아 주고 행동은 고쳐 주라는데 도대체 어디까지
> 해야 하나요?"
> "공감해 주고 경청해 주는 것 좋아요. 중요한 줄도 알겠어요.
> 아이 문제인지 부모인 내 문제인지 조금씩 분별하면서 아이
> 의 마음을 알아주니 아이와 관계가 훨씬 좋아졌어요. 하지만
> 부모로서 아이를 이해하기 힘들 때가 많아요. 저는 더 받아
> 줄 힘이 없어요. 아이의 행동을 받아 주려고 해도 어느 정도
> 까지 수용해야 할지도 모르겠어요."

과연 어디까지 받아 주어야 할까? 무조건 수용할 수는 없다.
다만 아이의 집중도, 성장 수준, 엄마의 체력, 상황에 따라 다르지

만 "마음은 받아 주고 행동은 고쳐 준다"는 기본적인 원칙만은 잊지 말자.

아이가 부모가 수용할 수 없는 행동을 한다면 솔직하게 아이-메시지를 써서 최대한 부드럽게 부모의 감정을 전달하는 것이 바람직하다. 부모도 아직 성장 중이고 미숙할 수 있다는 사실을 있는 그대로 인정한다. 부모가 해야 하는 것이 수용이지만 무제한 수용은 아니다. 공감한다고 해서 모든 것을 다 공감해 줄 수는 없다. 잘못된 행동을 한다면 부모는 아닌 것은 아니라고 아이에게 확실히 말할 수 있어야 한다. 부모가 이렇게 했을 때 아이들은 안정감을 갖는다. 항상 그 반대로 해서 문제다.

부모는 수용이 아이의 바람직하지 않은 태도나 행동까지 인정하는 것으로 비칠까 봐 걱정하는 데 수용은 동의가 아니다. 있는 그대로 인정하지만 잘못된 행동에 대해 이렇게 말할 수 있어야 한다.

"네 마음은 충분히 알겠어. 하지만 엄마가 네 생각에 모두 동의할 수는 없어. 그럴 땐 이렇게 행동해야 해."

아이의 마음은 공감하지만 한계가 있다는 것을 알려 주는 것도 부모의 역할이다.

부모가 주의해야 할 것은 거짓 수용이다. 거짓 수용에는 아이를 조종하려는 마음이 있는데 사람은 거짓 수용을 본능적으로 안다. 아이들도 한두 번 거짓 수용을 받아들일 수 있다. 하지만 본능적으로 거짓 수용을 통해 자신이 존재가 아닌, 대상이 된다는 것을 무의식적으로 알고 무의식적으로 저항한다. 무의식적으로 이유 없는 고집만 강해질 뿐이다.

또한 아이에게 절제하도록 가르쳐야 할 감정도 있다. 아이가 다른 사람에 대한 미움을 표현할 때 절제하도록 가르쳐야 한다. 하지만 가르치기 앞서 미운 감정이 있다는 것을 인식할 수 있도록 도와주어야 한다.

"그래, 그 친구가 밉구나. 엄마도 예전에 그런 상황이 있었어. 엄마를 힘들게 한 친구에게 미운 마음이 들었어. 그 친구와 사이가 좋지 않으니까 학교에 가기도 싫더라. 그러다 나중에 그 친구 사정을 알게 되어서 다시 화해할 수 있었어. 계속 미운 마음이 들면 네 마음이 어떨 것 같아? 친구랑 어떤 사이가 될 것 같아?"

아이에게 미운 감정도 있을 수 있음을 알려 주고 수용해 주어야 하지만 그 미운 마음에 동의하지 않고 미운 감정이 갖는 위험성을 같이 알려 주어야 한다.

남의 일이 잘되지 않는 것에 대해서 기뻐하는 아이에 대해서는 단호하게 잘못되었음을 가르쳐야 한다. 항상 원칙은 분명하다. 이런 감정에 대해서는 부모가 수용 불가능함을 조용하고 침착하게 아이-메시지를 통해 가르쳐야 한다. 그것이 아이들의 인생 멘토로서 어른이 해야 할 역할이다.

자기다움으로 빛나는 아이로 키우려면

어느 날 병원에 다녀온 아내가 초등학교 4학년인 둘째 요한이가 난독증이라고 했다. 읽기 능력이 떨어져 검사한 결과였다. 요한이의 받아쓰기 0점이 빈번했고, 열심히 공부해서 가도 절반 정도만 맞았다. 단어의 앞뒤를 바꿔 말하기도 하고 특히 조사나 어미를 제대로 읽지 못했다. 문장을 읽어도 뜻을 잘 이해하지 못하고 철자를 자주 틀리는 등 글쓰기를 힘들어했다. 특히 혼자서 책을 읽는 것을 매우 어려워했다. 대한민국 부모들이 가장 두려워하는 일이 나에게 벌어진 것이다. 요한이의 학습 능력에 분명한 어려움이 있었다.

"나는 잘 못 해."

"나는 안 되나 봐."

친구들과 비교하면서 열등감을 느끼는 아이를 보면서 마음이 힘들었다. 마음이 무너지는 것 같았다. 나이 오십이 넘어서 유전자 검사를 통해 알게 된 사실이지만 나 역시 난독증이었다. 요한이는 아빠인 나에게서 난독증 유전자를 받았다. 어릴 때 기억이 떠올랐다. 수업 시간에 책을 소리 내어 읽을 때마다 식은땀이 났다. 조사나 문장 끝을 이상하게 읽거나 말을 더듬거릴 때마다 친구들은 킥킥 웃었다. 선생님이 또 시킬까 봐 항상 조마조마했다. 이런 경험 때문에 사람들 앞에만 서면 머릿속이 하얗게 되고 아무 생각도 나지 않는 트라우마도 생겼다.

아들의 난독증.

원하지 않는 어두운 현실을 직면하자 부정적인 감정이 나를 사로잡았다. 과거의 상처와 어려움이 떠오르면서 걱정과 우울의 감정 상자로 들어갔다.

'아이가 나처럼 되면 어떡하지?'

자신감 없이 실패할까 봐 두려워하는 요한이의 모습과 과거의 내 모습이 겹쳐졌다. 그런데 그때 이것이 과거 기억에서 오는 감정 신호인 것을 인식했다. 과거의 나와 현재 아이를 동일시하면서 불안해하고 있었다. 아무리 교양이 있고 사회적 지위가 있어도 대한민국에서 자식 문제에 감정이 매이면 어떤 부모라도 눈이 돌아간다. 이때가 부모가 정신 줄을 꽉 잡아야 할 때다.

감정 신호를 읽고 감정 이유를 파악하여 조절할 수 있는 게 진짜 어른이다. 아빠인 나는 이미 난독증을 극복했기에 아이를 충분히 이해하고 이끌어 줄 수 있는 위치에 있다. 이것이 지금 오래된 낡은 과거와 결별한 내 모습이다.

선천적이든 후천적이든 부모의 부족하고 연약한 부분이 고스란히 아이에게 나타날 수 있다. 그럴 때 부모는 정서적으로 건강하게 서 있어야 한다. 정서적으로는 아이를 공감하면서 이성적으로는 상황을 냉철히 바라봐야 한다. 부모가 산처럼 흔들림 없이 그 자리에 서 있을 때 아이도 제자리를 지킬 수 있다. 부모가 침착하고 의연하게 행동할 때 아이도 부모의 뒷모습을 보고 배운다. 부모 역할은 아이를 있는 그대로 바라보며 아이의 장점과 단점이 어떻게 나타나는지 발견하는 것이다. 아이의 단점만 집중하지 말고 장점을 발견하여 격려하며 이끌어 주는 것이 부모 역할이다.

책 읽기가 느린 요한이에게 남들은 없는 독특한 부분이 있다. 사람의 마음을 빠르게 읽고 사랑으로 품는 능력이다. 아이에게 있는 따뜻한 마음은 그대로 다른 사람에게 전달된다. 울면서 기도하는 엄마를 꼭 안아 주고, 피곤해서 집에 돌아온 엄마의 마음을 가장 먼저 알아주는 사람이 바로 요한이다. 학교에서 마음이 힘든 친구들을 말없이 받아 주는 것도 요한이다. 요한이의 안아 주기(Hug)는 그 자체로 피로 회복제요, 엔도르핀이다.

요한이는 따로 난독 수업을 받으면서 조금씩 나아지고 있다. 읽기 능력도 좋아지면서 조금씩 자신감을 갖기 시작했고 거북이 경주를 하듯 꾸준히 해내고 있다.

어느 날 아내는 인터넷을 검색하며 난독증이 있어도 성공한 유명인들을 찾았고 그들은 남들과 다른 창의성과 통찰력이 있다는 것도 알아냈다. 그리고 그 이야기를 요한이에게 자주 해 주었다. 아이가 좋아하는 스파이더맨 영화배우 톰 홀랜드, 예술가 레오나르도 다빈치, 동화작가 한스 안데르센, 천재 물리학자 아인슈타인, 영화감독 스티븐 스필버그, 발명왕 에디슨…. 그리고 그 안에 난독증 아빠인 나도 영광스럽게 포함되었다. 요한이는 자신이 그 인물들과 중요한 공통점이 있다는 사실을 무척 자랑스럽게 생각했다.

어느 날, 요한이 학교 선생님이 아이가 학교에서 한 말을 아내에게 전해 주었다.

"선생님, 그거 아세요? 우리 아빠도 난독증이래요. 저도 난독증이고요."

요한이가 정말 자랑스럽게 훈장을 얻은 것처럼 선생님에게 얘기했단다. 이 이야기를 아내에게서 전해 듣고 웃기도 했지만 이상하게 그냥 눈물이 났다. 아이가 자신의 재능과 특성을 알고, 어려움을 극복하며 빛나는 자기 자신으로 살아가기 바란다. 난독증을 이겨 낸 그 많은 사람들처럼.

생각하고 적용하기

1. 정서적으로 건강한 아이로 키우기 위해서 어떤 것을 시도해
   볼 수 있을까요?

2. 부모인 나와 다른 아이의 성향과 기질은 무엇인가요? 그런
   성향과 기질이 어떻게 나타나고 있나요? 아이의 성향과 기질
   때문에 부모인 내가 어려운 점은 무엇인가요?

3. 아이와 문제 상황이 벌어질 때, 누구의 문제인지 어떻게 분별
   하고 대응할 수 있을까요?

Chapter 9
함께 걷는 길

혼자가 아닌 함께하는 챌린지

엄마들의 경청과 효과적인 대화 습관을 만들기 위한 '정서적으로 건강한 엄마 챌린지'는 함께 훈련하는 것이 핵심이다. 물론 혼자서도 가능하지만 혼자보다 함께할 때 시너지가 생기고 성공 확률이 높아진다. 적어도 5명 이상 함께 훈련하는 것을 권장한다. 혼자 할 때는 실수했을 때 후회, 자책, 죄책감의 모드에 쉽게 빠진다. 부정적인 감정의 악순환에 빠졌을 때 다시 시작할 엄두를 내지 못해서 결국 포기하고 만다.

삼겹줄은 쉽게 끊어지지 않는다. 엄마들이 함께 챌린지에 참여하는 데는 많은 이점이 있다. 서로를 격려하면서 자책과 후회에서 쉽게 나올 수 있다. 서로 이해하고, 지지하고, 격려해 주는 지지자가 있다면 어려움을 헤쳐 나아갈 힘을 얻는다. 서로 비슷한 처지에서 다양한 자녀 양육 스킬에 대한 노하우를 배우고 공유할 수도 있다.

'정서적으로 건강한 엄마 챌린지'는 함께 훈련할 사람들과 카톡방을 만드는 것부터 시작한다. '한 달 동안 정서적으로 건강한 엄마 챌린지를 해 봅시다.' 이렇게 서로 기간을 정해 놓고 시작할 수 있다. 리더가 있어 다른 엄마들을 이끌어 주면 더욱 좋다.

소극적 경청 적극적 경청, 아이-메시지

아이와 지내면서 실천한 세 항목의 훈련 점수를 10점 만점을 기준으로 단체 대화방에 한 달 동안 매일 올리기만 하면 된다. 남에게 보이기 위한 것이 아닌 자신을 자극하고 성찰하는 기회로 삼는다. 아이들과 함께하면서 일어났던 에피소드나 잘한 것 또는 실패한 내용을 함께 공유한다. 솔직하게 아이들과 일어난 일들에 대한 솔직한 감정을 털어 놓을 수도 있고 고민을 나눠도 된다. 서로 격려하고 위로하면서 배우면 된다.

어떤 상황에서 자신도 모르게 욱해서 소리 지르는 엄마가 되는지 적어 두고 공유하면서 객관적으로 자신을 관찰하는 힘이 생긴다. 아이들이 문제 행동을 할 때 효과적이었던 양육 스킬을 공유하면 '정서적으로 건강한 양육 공동체'를 만들 수 있다. 엄마들이 함께 사랑이 기반이 된 양육철학, 양육 스킬, 스트레스 관리 방법을 공유하고 세워갈 수 있기를 바란다.

정서가 건강한 아이를 키우는 방법을 나누는 '정서적으로 건강 한 엄마들의 모임'이 대한민국에 들불처럼 번지기를 소망한다. 성숙하고 정서적으로 건강한 엄마들이 대한민국을 행복하게 만들 것을 기대한다.

자녀 양육의 책임과 역할 나누기

부부간에 아이를 키우는 책임을 어떻게 나눌지는 현실적으로 어려운 것이 사실이다. '헐크맘 현상'은 아이를 키우는 책임과 역할이 한쪽으로 쏠려서 일어난 일이다. 따라서 화내는 엄마에서 탈출하는 또 하나의 해결책은 아이를 키우는 동지인 부부가 책임과 역할을 잘 배분하는 데 있다.

"내가 여기까지 할 테니 당신은 여기서부터 해."

두부 자르듯 반듯하게 공평하게 하자는 이야기가 아니다.

"지금까진 내가 했으니 이제부터는 당신이 알아서 해."

이런 일방통행도 아니다. 아이를 키우는 일에 부부가 함께 소통하면서 책임과 역할을 나누는 것이 진정으로 중요하다는 말이다.

그런데 문제는 역할과 책임을 나누는 것부터 대부분의 부모가 어려워한다는 점이다. 두 사람이 함께 협력해서 일할 때 한 사람은 말없이 혼자서 책임을 떠맡는 '책임 과다' 증상을 보이기 쉽다. 또 다른 사람은 한 사람이 책임을 다 가져가니 "그래, 네가 어떻게 하나 보자. 한번 해 봐." 하면서 최소한의 일을 맡아 책임을 회피하는 모습을 보인다. 서로 진솔한 대화가 없는 상태에서 한 사람은 책임 과다, 다른 사람은 책임 회피 상태가 된다.

아이를 낳고 함께 기르는 부모도 마찬가지로 건강하지 못한 책임감이 작동하기 쉽다. 상황을 고려하여 충분히 이야기를 나누고 역할과 책임을 조절해야 하는데, 신기하게도 그 반대 현상이 벌어지는 게 현실이다. 부모의 건강하지 못한 '책임감 중독 현상'은 너무나 쉽게 나타난다.

"내가 알아서 할 테니 당신은 돈만 벌어오면 돼요."

"당신은 잘 알지도 못하잖아요. 상관하지 말아요. 다 알아서 할게요."

"당신이 애들에 대해서 뭘 안다고. 일단 빠져 있어요."

많은 가정에서 한쪽으로 치우친 책임과 역할 분담이 일어나고 있지는 않은가?

요즘은 점점 아빠들이 자녀 양육에 함께하지만 아직도 엄마가 자녀 양육을 주로 떠맡는다. 엄마가 아이를 더 잘 알 뿐만 아니라 아이 교육에 대한 정보도 풍부하다. 특별히 자녀 양육에 대한 관심이 큰 아빠가 아니라면 아내가 알아서 하도록 일임한다. 아이의 상태를 세세히 알지도 못할 뿐만 아니라 자녀교육에 대해 돌아가는 주변 상황을 파악하지 못해서다. 단지 아이가 잘해 주었으면 하는 마음뿐이다.

문제는 아이가 부모의 기대에 부흥할 만한 성적을 받지 못했을 때나 아이가 문제 행동을 일으켰을 때 일어난다. 지금까지 팔짱을 끼고 한발 물러나 있던 아빠는 그럴 때 꼭 나서서 한마디 한다.

"지금까지 당신 뭐 했어?"

가뜩이나 힘겹게 아이를 관리하던 엄마의 마음에 비수를 꽂는다.

"그럼 당신은? 당신이 해 봐."

부모의 건강하지 못한 책임감이 새로운 국면을 맞는 순간이다. 가정에서 자녀 문제로 시작한 대화가 부부싸움으로 번지는 일반적인 패턴이다.

엄마든 아빠든 '인정받고 싶은 마음'과 '실패에 대한 두려움'이 상황을 통제해야 하는 책임 과잉과 통제할 수 있는 상황에서 비켜서 있는 '책임 회피'를 만든다. 이런 건강하지 못한 책임감은 부부 간에, 부모와 자녀 사이에도 부정적인 영향을 미친다.

자녀에 대한 정보의 질과 양 맞추기

부부가 가진 자녀에 대한 정보의 양과 질은 다를 수밖에 없다. 자녀와 함께하는 시간과 관심도가 다르고 자녀에 대한 수용의 정도 역시 다르다. 이때 건강하지 못한 책임감이 작동하게 된다. 이러한 문제를 해결하는 가장 좋은 방법은 스몰 톡(Small-Talk)이다. 부부가 자주 잡담을 나누는 것이다. 우리 민족을 한순간에 배달하는 민족으로 만든 어떤 회사는 잡담을 나누는 것이 자신들의 경쟁력이라고 말했다. 자녀 양육도 부모가 아이를 함께 관찰하고 잡담을 많이 나누는 것이 아이를 잘 키우는 경쟁력이다.

우리 부부는 스몰 톡을 많이 했다. 심지어 함께 아이에 대해 관찰하고 느낀 점을 나누는 '자녀관찰 워크샵'도 했다. 아이가 성장하면서 보이는 관심, 태도, 말, 행동, 주변 친구 등 관찰한 것들을 이야기했다. 이런 과정을 통해 부모는 아이에 대한 정보의 양과 질을 맞추고, 서로 어떤 역할을 해야 할지 알게 된다. 무엇이 아이가 자라는 데 도움이 될지 알고, 능력과 상황에 맞춰 서로 역할을 나눌 수도 있다. 또한 부부가 서로 자녀 양육의 어려움을 함께 나누어질 수 있다.

부부가 함께 자녀 양육을 짊어질 때 '정서적으로 건강한 엄마 챌린지'가 진정으로 성공했다고 말할 수 있다. 좋은 부부 관계만큼 더 좋은 자녀 양육법은 없다. 다행히도 자녀 양육에 대해 잡담을 나누고 짐을 함께 짊어지는 부모들이 많아지고 있다. 이 험한 세상에 그나마 다행이다.

자녀 떠나보내기

자녀는 부모를 떠나야 한다. 아이가 부모를 떠난다는 것은 부모에게서 독립하는 것을 의미한다. 이것은 단순히 경제적인 독립만을 말하지 않는다. 내면적 독립, 영적 독립까지 의미한다. 자녀가 부모로부터 독립하여 온전한 세대를 이루도록, 자녀가 스스로 결정하고 책임지며 소명의 자리로 갈 수 있도록 돕는 게 부모 역할이다.

자녀를 떠나보내는 것은 비움이다. 자녀가 자신의 삶을 개척하며 성장할 수 있도록 맡기며 부모 자리를 비워 주고 멀리서 지켜보는 응원이다. 고(故) 이어령 교수는 어미 곰이 새끼 곰을 떠나보내듯 자녀 떠나보내기를 준비하라고 말했다. 부모가 자녀를 품는 것도 사랑이고, 떠나보내는 것도 또 하나의 사랑, 부모의 차가운 사랑이라고 이야기한다. 자녀를 떠나보낼 마음으로 아이를 키우라며 "어미 곰처럼"이라는 글로 부모에게 권면한다.

곰의 모성애는 인간보다 더 깊고 따뜻하다고 합니다.
하지만 어린 곰이 두 살 때쯤 되면
어미 곰은 새끼 곰을 데리고 산딸기가 있는 먼 숲으로 간다고 합니다.
어린 새끼 곰은 산딸기를 따 먹느라 잠시 어미 곰을 잊게 되지요.
그 틈을 타서 어미 곰은 아주 몰래 새끼 곰의 곁을 떠난다는 겁니다.
그렇게 애지중지 침을 발라 기르던 새끼를
왜 혼자 버려 두고 떠나는 걸까요?
그건 새끼가 혼자서 살아가도록 하기 위해서지요.
새끼 곰을 껴안는 것이 어미 곰의 사랑이듯이
새끼 곰을 버리는 것 또한 어미 곰의 사랑인 것이지요.
우리에게도 그런 차가운 사랑이 필요합니다.

아이들이 정신을 팔고 있는 동안 몰래 떠나는 슬픈 연습도
해둬야 합니다.
그게 언제냐고요? 벌써 시작된 것입니다.

처음 걸음마를 배울 때 잡았던 두 손을 놓아 주었던 때가 있었잖아요.

그때부터 시작된 일이지요.

매일매일 무릎을 깨뜨리는 아픔이 있더라도

어머니와 따로 살아갈 수 있는 그 걸음마를 위해 손을 놓아주세요.

탯줄을 끊는 순간부터 그 연습은 시작된 것입니다.

어머니에게는 또 하나의 사랑

얼음장 같은 차가운 사랑이 있어야 하는 것입니다.

이어령《어느 무신론자의 기도》(열림원)

부모는 자녀를 떠나보낼 그때를 생각해야 한다. 자녀를 양육하는 일은 쉽지 않은 일인지라 많은 눈물과 기도, 잴 수 없는 희생이 따른다. 하지만 결국엔 부모의 수고와 헌신이 기쁨의 결실을 맺는 날이 올 것이다.

이제 정서적으로 건강하고 성숙한 엄마로 살기로 결정한 당신을 축복한다.

눈물을 흘리며 씨를 뿌리는 자는 기쁨으로 거두리로다 울며

씨를 뿌리러 나가는 자는 반드시 기쁨으로 그 곡식 단을 가

지고 돌아오리로다(시 126:5-6).

에필로그

"마음은 받아 주고 행동은 고쳐 준다."

이 원칙이 제대로 적용된다면 엄마가 버럭해서 소리를 지르고 화를 내는 일은 더이상 없을 것이다.

전문가들은 이렇게 저렇게 해 보라고 하는데 도대체 어디까지 얼마만큼 마음을 받아 줘야 하는가? 행동을 통제하라고 하는데 어디까지 통제해야 하는가? 어떤 규칙을, 어떤 말을 해야 제대로 행동을 통제할 수 있을까?

가뜩이나 혼란스러운 엄마에게, 가뜩이나 아이를 키우는 일에 자신감이 없고 매일같이 자존감이 낮아지는 엄마에게 자녀 양육 전문가들은 잔뜩 부담만 얹어 준다. 도움을 주고자 하는 일이 엄마 마음에 혼란과 부담만 만들 수 있다. 무거운 마음의 짐과 제대로 하지 못하고 있다는 죄책감만 더할 수 있다.

이 책을 쓴 우리 부부 역시 많은 엄마들과 비슷한 경험을 했다. 아이를 어떻게 키워야 할지 몰라 전문가 이야기도 듣고 많은 책을 읽고 실천해 보려고 했지만 그 가운데 시행착오가 많았다. 그렇기에 이 책이 도움은 커녕 또 다른 부담과 죄책감을 더해 주는 것은 아닐까 하는 걱정과 두려움이 있다.

아이마다 다르고, 엄마마다 다르다. 옆집 아이와 옆집 엄마를 바라보면 안 되고 전문가 말을 다 의존해서도 안 된다. 내 아이를 내가 관찰하고, 내 상태를 점검해 보아야 한다. 환경, 성장 단계, 나이, 기질, 성격, 경험하는 사건과 상황, 엄마와 아이의 체력과 상태가 모두 다르다. 아이의 마음을 얼마나 받아 줄지, 행동을 얼마나 통제하고 어떤 규칙을 정할지는 아이와 엄마의 상황에 맞게 적용하는 게 정답이다. 무엇보다 엄마가 자신을 사랑하는 것이 가장 우선이다. 엄마가 자신을 사랑할 때 그 사랑이 아이에게 흘러간다.

"마음은 받아 주고 행동은 고쳐 준다."는 이 원칙만은 잊지 말고 붙들기를 부탁한다. 또한 엄마로서 최선을 다하고 있는 자기 자신을 더 사랑해 주기 바란다. 그렇게 했을 때 엄마의 사랑이 아이에게 흘러갈 수 있기 때문이다.

정서적으로 건강한 엄마들이 정서적으로 건강한 아이로 키우는 모습을 상상해 본다. 정서적으로 건강한 엄마들이 다른 엄마들을 돕고 세우는 일을 꿈꾼다. 이 책을 통해 대한민국의 각 가정에서 엄마들이 여유 있고 평화로운 미소 속에 아이와 행복한 관계를 만들어 가고 있다는 소식을 듣고 싶다. 하늘이 보내 준 상으로서 아이를 사랑하며 행복한 삶을 만들어 가는 모든 엄마들을 축복하고 응원한다.

감사의 글

항상 내 마음을 아시고 옳은 길로 인도해 주시는 하나님 아버지께 감사를 드린다. 선하신 하나님의 뜻 가운데 이 책이 세상에 나와 빛을 보게 되었다.

부모님께도 감사드린다. 사랑하지만 표현하지 못하셨던 부모 마음을 아이를 낳고 키우면서 비로소 조금이나마 알게 되었다. 부모님의 헌신과 수고로 사람 모습을 하며 살게 되었다.

영적 아버지신 이웅 목사님께 감사드린다. '나답게 사는 신나는 인생의 모델'이 되어 주셨다. 이웅 목사님의 사랑과 배려로 CSIS 부모학교에서 10년 넘게 부모들을 섬기며 성장할 수 있었다.

한순교회 성도들과 부모학교의 모든 부모님에게 감사한 마음을 전한다. 여러 상황 속에서 포기하고 싶은 순간도 많았지만, 그

때마다 위로와 격려로 든든하게 함께해 주었다. 정서적으로 건강한 엄마와 아이를 세우기 위해 기꺼이 우리에게 자신의 이야기를 나누어 준 엄마들에게도 감사드린다.

"정서적으로 건강한 엄마 챌린지"에 참여한 엄마들에게 특별한 감사를 전한다. 욱하고 버럭하는 엄마에서 정서적으로 건강한 엄마로 사는 변화의 모습을 몸으로 보여 주었다. 인정하기 싫은 자신의 모습을 기꺼이 드러내는 그들에게서 아이들을 위해 자신을 버리는 겸손과 용기를 배울 수 있었다.

두미라, 임영묵 부모학교 코디네이터에게 항상 고마운 마음이 있다. 두 분의 사랑과 응원, 지지가 있기에 우리 부부가 성장할 수 있었다. "헐크맘 탈출 프로젝트" 원고 그대로 묵혀질 뻔 했던 것이 이정선, 이은영 두 분의 헌신과 도움으로 빛을 보게 되었다.

김지혜 편집자 덕분에 투박한 원고가 매끄럽게 다듬어지고 비로소 책이 되었다. 첫 번째 독자로 원고를 읽으며 정서적으로 건강한 엄마를 세우는 동지가 되었다고 하니 더 감사하다. 김세진 디자이너의 수고와 헌신으로 이 책이 세상에 빛을 보게 되어 고마운 마음을 전한다.

사랑하는 두 아들 요섭, 요한에게 고맙다. 이 책은 아이들과 함께 성장하며 쓴 책이다. 우리 아들들이 없었다면 과연 이 책이 있을 수 있었을까? 사랑을 주기만 한 줄 알았는데 아들들에게 사랑을 넘치게 받았다.

"정서적 건강이 영적 성숙과 이어진다."는 믿음으로 함께 기도해 준 동역자들에게 감사한다. 기도가 아니면 어떻게 이 책이 사람들의 마음에 전해질 수 있겠는가? 이 땅의 엄마들을 품고 함께 정서적으로 건강한 엄마를 세우려는 기도 동역자들을 통해 한 영혼이 살아나는 기쁨을 나누고 싶다.

이 책을 읽는 엄마, 아빠들에게 마음 깊이 감사한다. 자녀를 양육하며 겪고 있는 힘듦과 수고를 알기에, 책을 통해 함께할 수 있기에 얼마나 감사한지 모르겠다. 이 책을 통해 부모와 아이가 행복한 관계와 성장을 이룰 것이 마음에 그려지기에 더욱 기쁘고 감사하다.

참고도서

마크 브래킷, 《감정의 발견》, 북라이프, 2020.

토머스 고든, 《부모 역할 훈련》, 양철북, 2021.

피터 스카지로, 《정서적으로 건강한 영성》, 두란노, 2015.

피터 스카지로, 《정서적으로 건강한 리더》, 두란노, 2015.

김민태, 《부모라면 그들처럼》, 21세기북스, 2018.

게리 채프먼, 《5가지 사랑의 언어》, 생명의말씀사, 2010.

데이비드 브룩스, 《두 번째 산》, 부키, 2020.

이어령, 《어느 무신론자의 기도》, 열림원, 2010.

티모시 골웨이, 《이너게임》, 가을여행, 2019.

캐롤 드웩, 《마인드셋》, 스몰빅라이프, 2023.

캐롤라인 리프, 《뇌의 스위치를 켜라》, 순전한나드, 2015.

알렉산더 로이드, 《러브 코드》, 알키, 2019.

마이클 A. 싱어, 《상처받지 않는 영혼》, 라이팅 하우스, 2014.

조앤 I. 로젠버그, 《인생을 바꾸는 90초》, 한국경제신문, 2020.

아빈저연구소, 《상자 밖에 있는 사람》, 위즈덤아카데미, 2016.

고바야시 미키, 《남편이 죽어버렸으면 좋겠다》, 북폴리오, 2017.

에크하르트 톨레, 《에크하르트 톨레의 이 순간의 나》, 센시오, 2019.

아빈저연구소, 《아웃워드 마인드셋》, 트로이목마, 2018.

부루스 H. 립튼, 《허니문 이펙트》, 미래시간, 2014.

슈테판 클라인, 《행복의 공식, 최대한 쉽게 설명해 드립니다》, 이화북스, 2020.

로저 마틴, 《책임감 중독》, 21세기북스, 2006.

스티븐 코비, 《성공하는 사람들의 7가지 습관》, 김영사, 2017.

스즈키 요시유키, 《자기 대화력》, 다산라이프, 2008.

정철민, 《괜찮아, 새로운 나로 살기로 했어》, 좋은땅, 2022.

2년 동안 은둔형 외톨이로 살던 청년이
세상으로 나와 새로운 나로 살 수 있도록
용기를 준 바로 그 책!

이 책을 읽은 독자들의 말

"마음이 편해지고 위로 받았어요."_인터넷 독자 댓글

"아내의 죽음 이후 어떻게 살아야 할지 몰랐을 때, 이 책의 제목이 나에게 다시 새롭게 살아 보라고 말하는 것 같았습니다."_실제 독자의 말

"괜찮아.⋯ 위로의 말로 시작하는 위로의 책. 위로에서 끝나지 않고 앞으로 나아가는 힘을 주는 말"_독자 블로그

"'우리의 예민함은 모난 돌이 아니라 빛나는 진주라는 말이 위로가 된다.' 내가 예민하기에 작은 것에도 민감하게 반응하고, 끊임없이 새로운 것을 시도하려고 했던 것 같다. 글을 쓰고, 그림을 그리고, 노래를 부르고, 춤을 추고, 연기를 하면서 나의 예민함을 승화시키려고 노력 중이다. 나는 날마다 좋아지고 있다. 나의 미래가 기대된다."_지식 창업 박현근 코치

어깨를 움츠리게 했던 내 약점이 실상은 내 강점이었다!
이제 새로운 나로 살 수 있게 되었다.

정서적으로 건강한 부모,
정서적으로 건강한 아이

ⓒ 정철민, 안은정, 2023

초판 1쇄 발행 | 2023년 8월 20일
초판 2쇄 발행 | 2023년 10월 10일

지은이 | 정철민, 안은정
펴낸이 | 스트랭스 임팩트
펴낸곳 | 스트랭스 임팩트
주소 | 경기도 용인시 수지구 용구대로 2772번길 29 102-401
전화 | 070-7608-3453
팩스 | 02-374-8614
이메일 | mastercoach@simpactkr.com
블로그 | blog.naver.com/a1guru

편집 | 김지혜_ 양야의숲
디자인 | 오브디자인 ovdesign.kr

ISBN 979-11-984104-0-5 (03370)